学前教育专业
五大领域实训教程
总主编 苏睿先

第一分册

主编 李焕稳

社会教育

幼儿社会教育活动指导

学前教育专业
五大领域实训教程
总主编 苏睿先

第一分册

主编 李焕稳

高等教育出版社·北京

本教材是以《幼儿园教育指导纲要(试行)》(以下简称《纲要》)、《幼儿教师专业标准》(以下简称《标准》)、《3—6岁儿童学习与发展指南》(以下简称《指南》)、《幼儿园工作规程》(以下简称《规程》)等文件精神为指导，以学前教育专业学生在学习中必须具备的框架性知识理论、教育技能适用为原则，在社会教育领域理论教材的基础上，从学前教育专业学生的学习认知规律以及幼儿教师岗位相关能力的形成过程入手，以任务驱动的模式构建的幼儿社会教育活动领域的实训教材。

本实训教材的结构为：第一模块观察与了解幼儿的社会性发展；第二模块掌握幼儿社会教育的目标、内容与方法；第三模块设计幼儿社会教育活动方案；第四模块幼儿社会教育活动组织实施与指导；第五模块评价幼儿社会教育活动。

每一模块的内容设计是根据认知规律，对实训任务进行情境化，结合3—6岁儿童发展的整体化以及社会领域的学科综合性的特点，把理论性的知识点整合到实训任务中，突破传统同类教材学科内容虽然完整系统，但联系岗位工作实践不够的知识体系和章节模式，明确实训教材与理论教材的差异性，确立实训教材的"实训"定位，突出任务的设计与实践练习。实训案例是针对实训任务让学生模仿的案例，而不是对理论知识理解的案例。如有些实训案例是对学生的作业的解释，不一定都是一线优秀教师的案例。

每一模块包括基本知识、实训任务、实训案例三部分。其中基本知识让学生了解社会教育实训的知识技能点是什么。实训任务是设计实践练习的相应任务，力图在实践体验中把碎片化的知识迁移到情境中，让学生在实践中形成相应的职业态度与能力。实训案例让学生在实践练习时有可模仿与参考的样例。

本教材建议知识性学习和实践技能学习按照5:5的课时比例分配。教师使用时可根据实际情况适当调整。

"幼儿社会教育活动指导"是学前教育专业必修专业课程之一。通过本课程的学习，学生应了解社会教育活动对幼儿全面发展的作用，掌握儿童学习的规律，运用理论知识有效地对幼儿进行有目的、有计划的教育，指导幼儿形成自我意识、社会交往、社会适应等方面的学习能力，促进幼儿全面发展。

通过本课程的学习，使学生基本能够确立社会教育促进幼儿全面发展的教育观点，掌握观察、分析、解读幼儿社会性发展水平的方法，培养学生对幼儿社会教育活动的设计、组织、指导、评价的能力，为幼儿创设主动学习的社会环境，充分利用各种教育资源，开展幼儿社会教育活动，奠定专业化的基础。

全书共分五个模块。参编者是李焕稳、王丽娇、陈国钰、冯颖、张颖、曹菁等多位教师，其中李焕稳负责教材的文字撰写，其他参编者负责微课录制、动画制作以及案例的提供等工作。全书由天津市幼儿师范学校李焕稳统稿。

在编写本书的过程中参阅、借鉴、引用了许多国内外学者专家的最新研究成果，在此一并向他们表示感谢。由于编写人员的水平有限，对书中的疏漏、不妥之处，恳请广大读者批评、指正，以便今后再版时修正和补充。

编者

2019年秋

目 录

观察与了解幼儿的社会性发展

模块一

社会性作为人的重要属性，在儿童早期的发展中起着重要作用。它不仅促进幼儿的认知也促进其身体的健康发展。幼儿社会性的发展受其自身、家庭、幼教机构和社会文化等多种因素的影响。幼儿社会性发展包括多方面，并呈现出不同年龄阶段的梯度差异。了解与掌握幼儿社会性发展的水平是对幼儿进行社会教育的基本前提。

单元一
幼儿社会性发展的基本知识

一、社会性以及社会性发展的概念

（一）社会性

　　社会性是指社会中的个体为适应社会生活所表现出来的心理和行为特征。是指个体在掌握社会规范、形成社会技能、学习社会角色的社会化过程中所产生的一种心理和行为特征。

（二）社会性发展与幼儿社会性发展

　　社会性发展又称社会化。社会化（socialization）是个体在特定的社会文化环境中，学习和掌握知识、技能、语言、规范、价值观等社会行为方式，形成人格特征，适应社会并积极作用于社会，创造新文化的过程。通过社会化，个体学习社会中的标准、规范、价值和所期望的行为。个体的社会化是一种持续终身的过程。

　　幼儿社会性发展是指幼儿从一个自然人，在其生物特性的基础上，逐渐掌握社会的道德行为规范与社会行为技能，成长为一个社会人，逐渐步入社会的过程。

二、幼儿社会性发展的特点

　　把握幼儿社会性发展的特点是幼儿教师实施社会性教育教学活动的起点，也是为幼儿提供有针对性的社会性教育的依据。幼儿的社会性发展的特点我们主要从幼儿的自我意识、社会情感、社会性行为和道德四个方面来了解，按小班、中班、大班三个年龄来讲述。

（一）小班幼儿社会性发展的特点

小班幼儿大部分是初次离开家、离开父母，进入到幼儿园生活。这种环境的巨变既是对每位个体的社会性发展的要求，同时也对其社会性的发展有着极其重大的意义。[1]

1. 小班幼儿自我意识的发展

小班幼儿在自我评价方面还没有独立的意识，只能以他人的评价为依据，即在进行自我评价时，往往不加考虑地相信成人对自己的评价。其所谓的自我的评价只是成人评价的简单重复。同时对于自己的评价往往过于乐观，出现过高评价自己的现象。

在自我体验方面，小班幼儿更多地表现为与生理需要密切联系的愉快，较少有社会性体验（诸如自尊、羞愧）；且易受成人暗示。

在自我控制方面，小班幼儿的能力普遍较弱。小班幼儿已基本能够理解大多数日常用语，他们的自我控制能力表现在：基本能够服从成人的命令或指令，但是持续性不强。

2. 小班幼儿社会情感的发展

小班幼儿情绪不稳定，易受外界事物影响，也易受同伴影响。其情绪往往受生理因素影响较大。3岁幼儿仍然十分依恋父母和老师，尤其需要得到亲近成人的微笑、拥抱、拍拍、摸摸等肌肤相亲的爱抚动作。当幼儿情绪消极时，身体的亲密接触（拥抱、抚摸）能很好地安抚他们。他们的情绪表达外显、直接，一般会毫无保留地表露自己的情绪。

在人际交往过程中，他们能够根据表情来判断对方的情绪，但是较难理解对方情绪产生的内在原因。幼儿移情能力有了很大的发展，他们开始能站在他人的立场上感受情境，理解他人的感情。看见生病的同伴、摔跤的弟妹，会表示同情，在老师启发下，会作出安慰、关心、帮助等关心他人的行为。

当做错事受到成人批评时，会感到害羞、难为情。在羞耻感的体验和表现上，女孩比男孩更为明显。羞耻感的出现，为幼儿自觉遵守集体规则提供了动力基础。

3. 小班幼儿社会性行为的发展

3岁幼儿社会交往范围有了很大的拓展，从家庭成员扩大到老师。他们会经常主动地拉拉老师的衣服，以动作引起老师的注意，表达对老师的亲近和与老师交往的意愿。他们开始认同、接纳同伴，但并不太在意同伴间的协作，往往只是各玩各的。只有在宽松的户外活动时，才会相互追逐、奔跑、喊叫，以动作活动的方式开展有联系的交往。3岁后期，幼儿与同伴共同玩的意识加强，逐步学会和同伴共同分享玩具。此期间幼儿也爱管同伴的

---

1 王振宇. 学前儿童发展心理学[M]. 北京：人民教育出版社，2004：223.

事，经常把同伴的事告诉成人。同时小班幼儿亲社会行为指向同性、异性同伴的次数接近，没有明显的性别差异。

在攻击行为方面，小班幼儿的攻击性要高于其他年龄班的幼儿，且其工具性侵犯（即幼儿渴望得到一种物体，并且努力去得到它。他们推、喊或者攻击挡路的人）的比率相对较高。在小班阶段，攻击形式发展的总趋势是身体攻击逐渐减少，言语攻击相对增多。从其具体表现看，动作大多是比较原始、简单的粗大动作，笨拙、不灵活，情感外露。

4. 小班幼儿道德的发展

幼儿的道德观念是从交往产生的具体行为中开始获得的，是具体的、特殊的、肤浅的。小班幼儿更是如此。他们只能非常直观地认识道德现象，道德评价能力刚刚萌芽，具有极大的具体形象性和情绪性。小班幼儿不能够理解社会道德标准的实质，对父母或老师等权威人物绝对服从，认为一切行为规则都是由成人指定的，一切规则都是不能改变的，所以这一阶段幼儿道德发展处于他律阶段。道德行为受其情绪影响，对道德行为的判断不取决于对社会道德行为标准的客观认识和比较，而在很大程度上取决于当时个体情绪满足的程度。

（二）中班幼儿社会性发展的特点

1. 中班幼儿自我意识的发展

在自我评价方面，中班幼儿能够将自己与同伴展开比较，在比较中进行自我评价；能够从某一个方面评价自己，能够运用一定的道德行为规则来评价自己行为的好坏，但评价带有一定的情绪性；能够正确地评价自己的身体特征，但是还不能评判自己的能力。

在自我体验方面，中班幼儿已经逐步发展社会性体验，诸如自尊、羞愧，且较少受到成人影响，能够开始联系自己的生活进行简单的思考。

在自我控制方面，中班幼儿坚持性和自制力都有了一定程度的发展，但是总体来说，水平都不高。自制力的发展是幼儿社会性发展中的重要组成部分。自制力强的幼儿更有可能为实现目标而自觉克服眼前的困难，抵制诱惑。

2. 中班幼儿社会情感的发展

中班幼儿的情绪表达开始更多地带有社会化的特点，他们开始尝试在不同的场合和情境下用不同的方式表达情绪，但情绪仍然不稳定，易受外界事物的影响。社会性因素和生理性因素交替影响着他们的情绪。

4岁幼儿的情绪较之3岁幼儿更稳定，他们的行为受情绪支配的比例在逐渐下降，开始学习着控制自己的情绪。同伴间发生争执时，有时也能控制自己的情绪、行为。当然，并非所有的事都能调节好，幼儿对特别感兴趣的事和物仍然受情绪支配，甚至还会出现情绪"失控"现象，遇到不顺心时仍会大发脾气。

3. 中班幼儿社会性行为的发展

中班幼儿喜欢和同伴一起玩，在活动中他们逐渐学会了交往，会与同伴共同分享快乐，还获得了领导同伴及服从同伴的经验。此时他们开始有了嫉妒心，能感受到强烈的愤怒与挫折。有时，他们还喜欢炫耀自己所拥有的东西。

中班幼儿的亲社会行为指向同性伙伴的次数逐渐增多，合作行为成为最常见的亲社会行为。而攻击行为则出现了更多的敌意性侵犯，即行为目的是伤害对方。从攻击行为的形式上看，言语的频率攻击逐渐增加。

4. 中班幼儿道德的发展

中班幼儿规则意识萌芽，是非观念较模糊。在集体生活中，4岁幼儿不仅开始表现出自信，而且规则意识萌芽，懂得要排队洗手、依次玩玩具等。当他们与人相处时，表现得有礼貌了，会主动说"谢谢""对不起"等。此时幼儿的是非观念仍很模糊，只知道受表扬的是好事，受指责的是坏事，懂得喜欢受表扬，听到批评会不高兴或感到难为情。中班幼儿比较明显地掌握了一些概括化的道德标准，他们可以因为自己在行动中遵守了老师的要求而感到快乐；他们不但关心自己的行为是否符合道德标准，而且开始关心别人的行为是否符合道德标准，由此产生相应的情感。中班幼儿常常"告状"，就是由道德感而激发起来的一种行为。

（三）大班幼儿社会性发展的特点

1. 大班幼儿自我意识的发展

这一时期幼儿的自我评价从依从性评价向独立性评价发展，他们不再轻信成人的评价。当成人的评价与幼儿的自我评价不一致时，他们会提出申辩。同时，幼儿的自我评价开始从个别性评价向多面性评价发展，如大班幼儿在评价自己时会说："我会画画，但跳舞不行。"

在自我控制方面，大班幼儿在自制力、自觉性、坚持性和延迟满足等方面都有了长足的进步。有些大班幼儿甚至能够在权威（即父母或老师）不在场的情况下，仍然保持对自己行为的要求，并持续一段时间。

2. 大班幼儿社会情感的发展

大班幼儿情绪体验日益丰富，表现为情绪过程越来越分化，以及情感所指向的事物不断增多。影响大班幼儿情绪的主要是社会性因素，如在比赛中失利、与好朋友吵架等，都会带来消极的情绪体验。相比而言，生理性因素对大班幼儿情绪的影响力逐渐下降。

大班阶段，成人所能体验到的情感，幼儿大多也能够体验到。高级情感，特别是道德感，明显发展。幼儿已经能够把自己的行为和行为的规划相比较，产生强烈的道德体验，是非感、集体感、友谊感、爱周围人的情感已具有一定的稳定性。这一时期，理智感也得到了较快发展，突出表现为：好奇好问，对一些智力活动、智力游戏产生了浓厚的兴趣。此外，大班幼儿情绪情感的调节能力虽已逐步增强，但情绪仍有不稳定性和易冲动性，易受各种因素的影响而产生变化。

3. 大班幼儿社会性行为的发展

劳动能力与责任感增强。大班幼儿已能将劳动与游戏分开，对劳动持认真态度，关心劳动结果，也能初步理解一些劳动的社会意义。他们喜欢参与成人的劳动，在家里会扫地、擦桌子等。在幼儿园里能做一些力所能及的种植、喂养、值日生劳动等。在劳动中表现出一定的责任感。

合作意识逐渐增强。在相互交往中，该年龄段的幼儿开始有了合作意识。他们会选择自己喜欢的玩伴，也能与三五个小朋友一起开展合作性游戏。他们逐渐明白公平的原则和需要服从集体决定的意见，也能向其他伙伴介绍、解释游戏规则。比如，在小舞台表演游戏中几个小朋友能一起分配角色、道具，能以语言、动作等进行表现，并有一定的合作水平。

由于大班幼儿已经熟知，在家庭和幼儿园，甚至于任何环境和场合中，亲社会行为一定能获得赞赏，因此大班幼儿的亲社会行为开始逐渐增多，日趋主动。合作、分享、互助等成为常见的亲社会行为。相对来说，谦让、安慰等行为出现频率较少，水平不高。在出现的攻击性行为中，敌意性侵犯仍然占有较高比例；言语攻击的出现频率也远远胜过了身体攻击；男孩比女孩更易进行公开的攻击。

4. 大班幼儿道德的发展

规则意识逐步形成。大班幼儿的规则意识逐步形成，他们开始学习着控制自己的行为，遵守集体的一些共同规则，例如，游戏结束了要把玩具整理好放回原处，上课发言要举手等。大班后期的幼儿特别喜欢有规则的游戏，像体育游戏、棋类游戏等。对在活动中违背规则的行为，幼儿常常会"群起而攻之"。但这一时期的幼儿对于规则的认识还没有达到自律。规则对幼儿来说还是外在的，因此，幼儿在规则的实践方面还会表现出以自我为中心。

总体来讲，大班幼儿的道德判断仍然处于他律阶段，只注重行为实际"结果"，而不考虑行动的"动机"，更不会把动机与效果结合起来，道德判断具有较强的直观性；道德评价能力仍具有较明显的具体形象性和情绪性，表现为他们对生活中熟悉的、接近的、具体形象的人物的行为，评价的正确率比较高；能够通过对榜样行为的模仿，学到良好的或不良的道德行为方式；已经开始能够根据自己或同伴对成人命令、要求等态度的服从程度、根据成人对自己或同伴的奖惩等来区分好与坏、乖与不乖，但还谈不上对道德概念、社会道德行为准则的真正理解。

三、观察与了解幼儿社会性发展的方法

观察与了解幼儿社会性发展的方法有多种，如观察法、社会测量法、作品分析法、调查法等。无论哪一种方法都要在幼儿的日常学习与生活中进行，才能真正了解幼儿的社会性发展水平与特点。观察法是观察幼儿社会性发展最常用的方法。

观察法是指教师或评价人员在自然状态下有目的、有计划地对幼儿社会性行为进行直接观察，从中获得评价资料，然后根据这些资料进行科学分析判断的方法。由于幼儿的社会性发展主要表现在其社会性行为上，因此观察法是幼儿社会性评价中最普遍使用的方法。

观察幼儿的社会行为，可根据不同的目的而选择不同的方法。其中，事件取样法、等级评定法、轶事记录法是对幼儿的社会性观察与记录时较常用的方法。

（一）事件取样法

事件取样法是观察者事先确定观察目的，选择某种或某类事件作为观察目标，在观察中等待该种事件的发生并仔细观察事件全过程的方法。它既可获取有代表性的行为样本，又可观察行为事件的全过程，还可得到与行为事件有关的背景材料，有助于分析行为事件的因果关系。但是，幼儿在不同时间、不同场合发生的同类行为有时具有不同的含义。因此，运用事件取样法应特别注意记录与分析行为事件发生的情境与背景。详见表1-1：

争执事件的观察

达维（H.C.Dawe）观察了40名2—5岁的儿童，其中男孩19人，女孩21人。观察过程是争执事件一发生便用秒表计时，并按事先拟定好的观察记录内容填写观察记录表1-1[1]。

1　杨爱华. 学前教育科学研究[M]. 南京：南京师范大学出版社，2001：116.

● 表1-1 幼儿争执事件记录表

幼儿姓名	年龄	性别	争执持续时间	发生背景、起因	争什么（玩具、领导权）	争执者所扮演的角色（侵犯者、报复者、反抗者、被动接受者）	结果	影响

　　达维经过三个月的观察，记录了200例争执事件，发现这200例事件中，68例发生在室外，132例发生在室内。平均每小时发生争执事件3～4次。争执事件持续1分钟以上的只有13例。平均争执时间在24秒。室内比室外的争执时间短。男孩多于女孩。几乎所有的争执都伴有动作，如推拉、冲击等。争执的原因大多是对物品的占有，大多能自行平息。往往是年幼者被迫服从，或是年长者自愿退出。争执平息后无耿耿于怀、愤恨的情况。

（二）等级评定法

　　等级评定法是对被观察者进行观察后，对其行为所达到的水平进行评定，并可以判断其行为质量高低的一种方法。等级评定法往往不需要现场直接观察记录，而是事后根据观察者对被观察者的行为的记忆进行记录。等级评定法快速方便。应用范围比较广。如表1-2所示：

● 表1-2 幼儿行为表现评定量表

优	1	2	3	4	5	6	7	劣	备注
主动								被动	
合作								不合作	
整洁								杂乱	
分享								自私	
友善								敌意	
好动								安静	

注：表中的"1、2、3、4、5、6、7"代表幼儿某种行为的7种不同的等级水平。使用者根据某一幼儿的该行为的水平与程度作出判断时，只要在相应的表格对应处画一个"○"即可。

（三）轶事纪录法

轶事纪录法也是在观察与了解幼儿社会性发展时经常采用的方法。轶事纪录法是观察者将自己感兴趣的，并且认为是有价值的、有意义的幼儿行为和反应，以及表现幼儿个性的行为事件，用叙述性语言随时记录下来，供分析幼儿的行为所用。教师应尽可能避免主观性的判断，而对幼儿行为进行客观的描述，不做评价和解释。

运用观察法时应注意以下问题：

1. 要创造自然的观察环境和气氛

评价者不应干预和限制幼儿的活动，以防止幼儿出现紧张及其他不自然的心理状态。

2. 观察目的要明确

评价者应始终明确每次观察的任务和目的，要选择与观察目的有关的行为和重要事实进行记录。

3. 观察记录要真实精确

观察记录要真实精确，并且不能忽视当时引发幼儿行为的环境、条件等变量。记录与3种被观察对象的背景情况，有助于解释幼儿的具体行为。

综合以上幼儿社会性发展的观察评价方法，不难发现这些方法各有其特点，研究者应根据具体的研究内容选择相应的方法，必要时，应多种方法同时使用，以提高观察的信度和效度。此外，对幼儿社会性发展的评价还应结合不同年龄阶段幼儿认知发展的特征进行。

如果你在阅读上述方法的基础上，对掌握观察方法还有一定的困难，请打开下面微课1-1作进一步学习。

微课1-1
观察幼儿社会
性发展的方法

四、观察了解幼儿社会性发展的结果撰写

观察与了解幼儿社会性发展的结果表述可以有多种方式，既有案例的记录，也有对观察、调查结果的梳理与提炼之后形成的观察评价报告。具体包括以下两个方面：

（一）案例的撰写要求

案例撰写的格式包括以下几个方面：

1. 主题和背景

主题是一个案例不可缺少的，它关系到案例的内容，是案例的核心观点；背景则涉及案例的起因、背景信息、困扰事件，以及价值所在等方面的问题。

2. 情境描述

案例事件过程实录（可以是片断），围绕事件对当时场景的必要描述，要求围绕主题，突出中心思想。

3. 讨论和分析

要有确切的问题，可以是教育教学问题，也可以是处理方式的问题；依据一定的框架对教学案例的问题做某个或多个角度的理论解读，以引发更进一步的深入研究和思考。

4. 建议

针对在讨论与分析中发现的问题，提出改进幼儿行为的策略。

（二）观察评价报告的撰写要求

评价报告主要包括以下几个方面：

1. 问题提出

问题是观察的起点，所以一开始要把问题交代清楚。即交代清楚为什么？背景如何？有关问题的现状是什么？价值是什么？

2. 观察方法与步骤

该部分主要介绍观察对象、收集记录材料的方法、程序和步骤。

3. 结果与讨论

主要包括数据材料和事实材料，由结果来回答提出的问题，对结果做出理论上的解释。分析其中存在的问题与不足。

4. 结论与建议

结论来自于结果。说明研究了什么，得出的结果是什么。

5. 附录

主要是观察记录的表格等材料。

微课1-2
观察结果的
表述

观察的结果是教师评价幼儿社会性发展的重要依据，如何表述与呈现是教师提炼观察素材，发挥观察材料的价值，改进教师教育行为，找好幼儿最近发展区的重要基本功。下面的微课中就有进一步解释如何去表述的内容，大家可以打开微课1-2进一步学习。

单元二
观察与了解幼儿社会性发展实训

本单元主要是让学习者在明确了幼儿社会性的基本特点和观察方法后，要在实践中掌握观察与了解幼儿的社会性发展的常用方法。

●● 任务一　学会观察与分析幼儿社会性发展的总体水平

■ 一、实训目的
任务一主要是让学习者学会观察与分析幼儿社会性发展的总体水平，有助于开展班级社会领域的教育活动。

■ 二、实训过程
（一）形式

小组合作完成。

（二）内容与要求

1. 全班学生以5～6人为一小组，分为若干组。学生自主确定组长。小组共同商议确定完成实训内容。

2. 每位学生在观察与调查前都要熟知幼儿社会性发展评价表的使用与记录方法。

3. 在幼儿园每位同学完成5个以上幼儿的社会性发展观察记录，并进行统计汇总，最后做简要分析。

4. 组长根据个人记录与分析的结果，以小组为单位，撰写《幼儿社会性发展评价报告》。

（三）完成时间

1周。

■ 三、实训材料
在此为学习者提供的评价幼儿社会性总体发展的实训材料，分别采用了等级评定法和轶事记录法。等级评定法操作使用方便，初学者都可以使用此工具进行实践练习。为了弥补等级评定量表只是对幼儿群体的观察，对个体或是关键事件的关注不足的缺点，建议观察者可以使用轶事记录的方式，把认为观察群体中重点的幼儿以及关键的事件记录下来，用于补充等级评定法中的不足。

下面的幼儿社会性发展评价量表（表1–3）就是运用等级评定法进行观察记录的一种

评量工具。

● **表1-3 幼儿社会性发展评价量表[1]**

指导语：幼儿的社会性发展评价表中一级指标分为四个大方面，每一方面又分为若干二级指标。二级指标的发展水平分为三个等级，请学习者根据班里幼儿的社会性发展状况，对每个幼儿作出评价。看看幼儿属于哪个等级，请在所属等级后面用"√"做出选择。

年龄_____　　　性别_____　　　编号_____　　　填写者_____

项目	内容	等级标准					
		一		二		三	
自我意识	自我认识	知道自己的姓名、性别和年龄		知道自己的爱好		知道自己的优缺点	
	自信心	完成简单事情或任务时有信心		自己能做的事情不请求帮助		完成没有做过或有较大难度的任务时有信心	
	独立性	在教师鼓励和要求下能独立做事		自己能做的事情不请求帮助		喜欢独立做事情和独立思考问题	
	坚持性	能有始有终做完一件简单的事		能坚持一段时间完成稍有难度的任务		经常能在较长时间内主动克服困难，实现活动目的	
	好胜心	在感兴趣的活动中努力做好		在竞赛情景及他人同时进行的活动中，努力争取好成绩		做任何事都努力争取好结果	
情绪情感	表达与控制	情绪一般较稳定，经劝说能控制消极情绪		能用较平和的方式表达情绪；一般能自己调节与控制消极情绪		一般情绪状态良好，能用恰当的方式对待不同情景做出适宜的情绪反应	
	爱周围人	热爱、尊敬父母		亲近班里的老师和小朋友		关心父母、老师和小朋友，喜欢帮助他们做力所能及的事	

---

1 白爱宝.幼儿发展评价手册[M].北京：教育科学出版社.1999：16.

项目	内容	等级标准			
		一	二	三	
情绪情感	爱集体	喜欢幼儿园,愿意参加集体活动	在教师引导下,能关心班里的事,为集体做好事	能主动关心班里的事,为集体做好事,维护集体荣誉	
道德文明礼貌	礼貌	在成人的提醒下能使用礼貌用语	能主动使用礼貌用语	能在不同情境下主动使用礼貌用语,举止文明	
	诚实	不说谎话,不随便拿别人东西	做错事能承认,拾到物品主动交还	做错事能承认,并努力改正,不背着成人做被禁止的事	
	合作	能与小朋友一起游戏	喜欢与小朋友合作游戏和做事	能成功地与小朋友合作游戏和做事	
	遵守规则	经提醒能遵守规则	能自觉遵守规则	能自觉遵守并维护规则	
交往行为	与教师交往	对教师的主动交往能做出积极反应	有时能主动与教师交往	常主动发起与教师的交往	
	与小朋友交往	对小朋友的主动交往能做出积极反应	有时能主动与小朋友交往	经常主动发起与小朋友的交往	
	与客人交往	见到客人不害怕、不回避	对客人的主动交往有积极反应	能主动与客人交往	
	解决冲突	与小朋友发生冲突时,经教师帮助能和解	能用适宜的方式自己解决与小朋友的冲突	能帮助解决其他小朋友之间的冲突	

幼儿园活动区角、幼儿园室内外等地点。

■ 五、实训考核

根据以上的实训任务，以小组为单位上交幼儿社会性发展的基本概况的报告。要求格式规范，每人的数据都要完整，有分析与建议。同时每组上交 1~2 个幼儿轶事观察记录，可用于进一步解释观察对象群体等级水平中突出的问题或现象。

●● 任务二　观察与分析幼儿社会行为的发展实训

■ 一、实训目的

观察与分析幼儿不同类型社会行为的发展状况，有助于培养幼儿的亲社会行为，发现幼儿不良社会行为的倾向，并及时干预。

■ 二、实训过程

（一）形式

小组合作完成。

（二）内容与要求

小组中的每个学习者在观察前都要熟知幼儿社会行为观察记录表使用与记录方法。每个学习者在幼儿园完成 10 个以上幼儿的观察记录，以小组为单位进行统计汇总，并做简要分析与评价。

（三）完成时间

1 周。

■ 三、实训材料

观察记录幼儿社会行为的方式有多种，下面给学习者介绍在教育实践中常用到的两种记录方法。幼儿社会行为会受多种因素影响，有较多的偶发性。首先使用频数记录表有助于了解幼儿一段时间以来频繁发生的亲社会行为或是反社会行为事件，其次是事件记录法。事件记录法有助于了解幼儿行为背后的原因。因此两种记录方式有助于了解幼儿社会行为的发展的倾向以及了解其背后形成的原因，以便于更好地提出指导策略与干预措施。

▶ 实训材料1（详见表1-4）。

● 表1-4 社会行为频数记录表

指导语：请观察记录班级的幼儿一天的行为表现，当幼儿表现出亲社会行为或是反社会行为时，在他的名字旁边的栏内画"√"即可。

记录日期： 　　　　　记录者：

幼儿姓名	亲社会行为（帮助、分享、拥抱、用昵称称呼其他孩子等）	反社会行为（攻击、叫人外号、拒绝他人等）	一周汇总	
			亲社会行为	反社会行为
Y1				
Y2				
Y3				
Y4				
……				

注：上表中的"Y"代表"幼儿姓名"。

在使用实训工具表1-4记录后，可以锁定重点观察的10个幼儿，作为后面事件观察的对象。

▶ 实训材料2（详见表1-5）。

● 表1-5 幼儿社会行为事件记录表

指导语：下述是有关事件取样观察记录的记录表，学习者可以使用此表来观察幼儿争执、攻击、合作等社会行为。

观察时间： 　　　　　观察地点：

观察对象的年龄： 　　　　　观察对象的性别： 　　　　　观察者：

姓名	年龄	性别	持续时间	发生背景	做什么，说什么	结果
Y1						
Y2						
Y3						
……						

注：上表中的"Y"代表"幼儿姓名"。

□ 四、实训地点

幼儿园活动区角、幼儿园室内外等地点。

□ 五、实训考核

根据以上的实训任务，上交幼儿社会行为（争执等）的观察报告和运用轶事记录法记录幼儿社会性发展的案例。

单元三
实训案例

●● 案例一　幼儿社会性发展的总体评价报告

案例一是有关幼儿社会性发展的总体评价报告，同样适用于"社会行为的观察"，学习者只要形成基本结果的整理即可。如果要进一步研究，可以进一步丰富样本，同时分析、提炼的逻辑性和科学性都要进一步加强，形成更规范的观察报告。

封面：

幼儿社会性发展水平的报告

一、问题的提出

二、观察的内容与方法

三、观察结果与分析

四、促进幼儿社会性发展的建议

小组成员名单：学生1　　学生2　　学生3　　学生4　　学生5

日期：　　　年　　月　　日

正文（内容）：

□ 一、问题的提出

幼儿社会性发展是指幼儿在与社会环境的相互作用下，了解与初步掌握社会规范，逐渐掌握社会生活技能，处理人际关系，发展自主性，逐渐适应社会生活的心理、行为发展过程。幼儿社会性发展评价是幼儿发展评价的重要组成部分，是促进幼儿社会性发展的重要手段。幼儿社会性发展在幼儿全面发展中具有十分重要的价值。社会性发展对于幼儿的身心发展、对于幼儿适应社会等都具有重要的意义。故此，对于幼儿社会性发展总体情况的了解有助于教师在教育教学活动中有针对性地开展相应的社会教育教学活动，促进幼儿社会性发展。同时对于幼儿社会性发展的观察与分析，也是教师在组织实施相应的教育活动时面向全体同时兼顾个体差异的重要依据。

■ 二、观察的内容与要求

观察的内容主要是中班幼儿社会性发展的总体状况。本小组选择使用的是观察方法中的等级评定法。本小组共计5人。学习者分别在自己实习的班级观察并记录10名幼儿社会性发展的状况。

■ 三、观察的结果与分析

（一）小组五个学生在不同园所中班抽样观察与分析（略）

学生1评定记录：（某幼儿园中一班为例）

学生2评定记录：（某幼儿园中二班为例）

学生3评定记录：（某幼儿园中三班为例）

学生4评定记录：（某幼儿园中四班为例）

学生5评定记录：（某幼儿园中五班为例）

（二）50名幼儿社会性发展水平

经过统计汇总50名幼儿的社会性发展三个等级水平的平均状况详见表1-6。

● 表1-6 幼儿社会性发展等级平均状况记录表

项目	内容	等级标准					
		一	人数	二	人数	三	人数
自我意识	自我认识	知道自己的姓名、性别和年龄	10	知道自己的爱好	0	知道自己的优缺点	0
	自信心	完成简单事情或任务时有信心	6	自己能做的事情不请求帮助	2	完成没有做过或有较大难度的任务时有信心	2
	独立性	在教师鼓励和要求下能独立做事	8	自己能做的事情不请求帮助	1	喜欢独立做事情和独立思考问题	1

项目	内容	等级标准					
		一	人数	二	人数	三	人数
自我意识	坚持性	能有始有终做完一件简单的事	9	能坚持一段时间完成稍有难度的任务	1	经常能在较长时间内主动克服困难，实现活动目的	0
	好胜心	在感兴趣的活动中努力做好	7	在竞赛情景及他人同时进行的活动中，努力争取好成绩	2	做任何事都努力争取好结果	1
情绪情感	表达与控制	情绪一般较稳定，经劝说能控制消极情绪	6	能用较平和的方式表达情绪；一般能自己调节与控制消极情绪	1	一般情绪状态良好，能用恰当的方式对待不同情景做出适宜的情绪反应	3
	爱周围人	热爱、尊敬父母	6	亲近班里的老师和小朋友	3	关心父母、老师和小朋友，喜欢帮助他们做力所能及的事	2
	爱集体	喜欢幼儿园，愿意参加集体活动	6	在教师引导下，能关心班里的事，为集体做好事	2	能主动关心班里的事，为集体做好事，维护集体荣誉	2
道德文明礼貌	礼貌	在成人的提醒下能使用礼貌用语	8	能主动使用礼貌用语	2	能在不同情境下主动使用礼貌用语，举止文明	0
	诚实	不说谎话，不随便拿别人东西	8	做错事能承认，拾到物品主动交还	2	做错事能承认，并努力改正，不背着成人做被禁止的事	2
	合作	能与小朋友一起游戏	3	喜欢与小朋友合作游戏和做事	6	能成功地与小朋友合作游戏和做事	2
	遵守规则	经提醒能遵守规则	6	能自觉遵守规则	4	能自觉遵守并维护规则	2

项目	内容	等级标准					
		一	人数	二	人数	三	人数
交往行为	与教师交往	对教师的主动交往能做出积极反应	6	有时能主动与教师交往	2	常主动发起与教师的交往	3
	与小朋友交往	对小朋友的主动交往能做出积极反应	6	有时能主动与小朋友交往	2	经常主动发起与小朋友的交往	2
	与客人交往	见到客人不害怕、不回避	7	对客人的主动交往有积极反应	2	能主动与客人交往	1
	解决冲突	与小朋友发生冲突时，经教师帮助能和解	7	能用适宜的方式自己解决与小朋友的冲突	3	能帮助解决其他小朋友之间的冲突	0
16个分项平均人数			7		2		1

通过以上小组成员的调查报告及分析，我们对幼儿社会性水平发展总结如下：

总体来讲中班幼儿的社会性发展大多处于第一等级水平。很多孩子在社会性发展方面存在着一定的问题。尤其是幼儿在合作性、交往主动性、责任心、独立自主性，以及面对问题冲突等方面，还需要进一步提高与加强。看到别人摔倒时，大多数孩子只是旁观，或若无其事地走开；有的幼儿对教师和伙伴态度冷淡，不愿参加集体活动；有的幼儿以自我为中心，在集体活动中，事事按自己意愿办，不懂得谦让和与小朋友平等相处；很多孩子不知道自己的事情应当自己做，认为应当由父母帮他做；自己出了差错把责任往家长身上推；上幼儿园忘了带物品，怪爸爸、妈妈没帮他放在书包里，等等。问题表现在孩子身上，但根源却应当从家长、教师教育等方面来查找，并提出一些有效的建议。

■ 四、促进幼儿社会性发展的建议

（一）严慈并济，促进幼儿社会性发展

对孩子不仅要关爱有加，还要加强行为要求，教育孩子学会调节控制自己的情绪。不能一味地给孩子爱，更要教孩子主动去爱别人。家长还应鼓励孩子多与同伴交往，在交往中引导孩子从"自我中心"的"壳"中解脱出来。了解自己与同伴的差距，学习同伴的长处。与同伴分享玩具和食品，建立良好的朋友关系，体验交往的乐趣，培养互助精神，增强团结友爱的意识。

（二）改变家长事无巨细为孩子包办代替的作法

家长要创造一些条件让孩子做力所能及的事情，使其从中体会成功的快乐，增强成就感、自信心，逐步形成"我行，我能做到"的心理意识。

（三）分辨幼儿社会性发展的个别需求，做到因材施教

科学、客观地评价幼儿的社会性发展水平，根据幼儿的实际需求，为幼儿搭建促进社会性发展的"支架"，从而促进幼儿的发展。每个幼儿都是独立的个体，社会性发展的水平也存在差异，如个别孩子大胆"自来熟"、个别孩子害羞不敢与他人交流等。老师使用纵向评价的方式，关注和承认幼儿社会性发展的个别差异，满足幼儿的特殊需要，才能促进每个幼儿在原有的基础上不断发展。

（四）分析幼儿的整体社会性发展水平，做好幼儿社会性发展计划

幼儿社会性的教育发展计划和具体目标，应该建立在了解本班整体幼儿的基础上，正确评价幼儿的社会性发展水平，结合幼儿的实际反馈，不断动态调整幼儿社会性发展计划，使教育工作取得良好的效果。

●● 案例二　运用轶事记录法的观察与分析

学会拒绝，尊重自我[1]

■ 一、引言

一方面由于中国传统观念的影响，幼儿总是认为理所应当地不能拒绝别人，一定要学会分享。随之而来的，就是幼儿面对"被拒绝"不会处理和化解。另一方面幼儿的自我意识开始萌芽，有了更多自己内心的想法。在这两方面矛盾的作用力下，孩子们遇到问题，心中常常有两个小人在打架，一边呼喊着，我们要顺从，一边呼喊着，我们要自我。

教师或者家长很难一味地用"一刀切"的方式来处理孩子们的问题。只有尊重幼儿，将他们看做是平等的个体，重视他们的内心需求，引导幼儿爱自己，尊重自己。可以在伤心的时候，说不原谅；也可以在不是以快乐分享为前提的情况下说不分享；可以在保障自己的权益下说不；可以为了安全说"不"。了解有些"不"是不受欢迎的，比如：睡觉前不刷牙、挑食，知道说"不"一定要在真正需要的时候。

■ 二、背景

心理学研究表明，幼儿存在着强烈的自我中心，他们的认识水平属于缺失性、尚未成熟的，他只会考虑自我满足的需要。正是由于幼儿的这种特点，他们"犯错"的频率非常

---

1 天津市北辰区引河里幼儿园邓珺提供。

高。成年人常常用"以和为贵""恭敬谦让"等理念来引导幼儿学会分享，"分享"成了解决幼儿矛盾冲突的万能武器，可是孩子内心的真实感受被忽视了，"分享"自然也变了味。

■ 三、事件的记录

镜头一：孩子，没有说出口的"不"

益智区中，小宇正在和旻旻争夺一个玩具，那是一套适合一个孩子玩的玩具，孩子们都很喜欢玩。小宇说："老师，这套玩具是我先开始玩的，我还没玩够呢，他就来抢我的玩具。"旻旻说："老师不是说要分享么，他应该跟我分享玩啊。"小宇辩解到："可是我还没有玩完呢，我这张卡片上的任务刚做了一半呢，我想玩完了再给他的。"旻旻抢着说："可是老师，还有爸爸妈妈都说了，要跟小朋友分享玩玩具。"说这话时，他的脸上带着仿佛已经有点胜利了的微笑，而小宇，却低下头，嘟囔着说："可是我真的想自己先玩完啊。"我很诧异，他为什么不勇敢表达自己的心里想法，"孩子，把你的想法大声说出来啊。"我在心里大声说，说出来你的想法啊，快说啊，你可以说"不"的！你可以说出你的想法，可以与小朋友一起去商量，怎么样制定规则，怎么样才能够解决问题。可是他没有。那一句小声的嘟囔也好像在空气中，散了……

镜头二：孩子，为什么你不说"不"？

我与配班老师说好，请她暂时回避，留下我与孩子们独处的空间。一会儿，我们班的电话铃声响了，我没有去接，有孩子好奇地问我"老师，电话响了，你怎么不接呢？""因为班里只有我一个老师啊，我不可以离开你们哦！"一会儿，又有一个其他班老师过来，问我可不可以照看一下他们班的孩子，她急需去趟卫生间，我很坚决地说："不好意思，我们班里只有我一个老师，你找其他人帮忙吧！"班里半天都没有发出声音，我也在焦急地等待孩子们的反应，当然了，刚才的电话和老师的求助都是我设计好的，终于，一个稚嫩的童声响起，犹如天籁，"老师，你不帮那个老师，她不就该尿裤子了么？""因为我有更重要的事情要做啊，我要陪你们，跟你们在一起，保证你们的安全。所以，为了你们的安全，我对电话铃声说不，对其他不重要的事情说不！"

镜头三：孩子，你可以说"不"！

"孩子们，有的时候，你们也可以说不！"，听到我这样说，孩子们不知所措地睁大了眼睛，好像有点难以接受。琪琪说："妈妈让我睡觉的时候，我要是说不想睡，妈妈就会生气的。""对啊，对啊，我说不吃饭妈妈也不高兴！"孩子们七嘴八舌地说着他们被拒绝的"不"。"孩子们，不是什么时候都可以说不哦，想不想知道，什么时候说'不'是管用的呢？我有一个好方法，你们要不要学？"我卖了个关子，然后跟孩子们一起分享了一个可爱的故事《不要随便顺从别人》。

我们也借由书中的内容，与班级幼儿的家长，开展了"家长讨论圆桌会"。会上，家长们畅所欲言，互相之间探讨与分享，大家都在"尊重幼儿想法"这一点上达成了一致。

镜头四：孩子，你可以解决"不"！

几天之后的美工区中，琛琛弄坏了思思的彩泥月饼，孩子们七嘴八舌地告诉我发生了什么，琛琛垂下脸，思思挂着眼泪，我搂住他们俩说，"你们俩想一想，要怎么做？"琛琛深呼吸了一下，真诚地对思思说了一句"对不起"，思思嗫着嘴，思索再三，转头看向我，"可是我不想原谅他！"别看"纠纷"还没有解决，可是我的心里乐开了花，他们终于有勇气说"不"了！琛琛没有听到"没关系"不知如何是好，在我的鼓励下，琛琛了解了思思的想法，做了一个最漂亮的彩泥月饼送给他，看着他们俩紧紧挨着坐在一起，商量着怎么完成下一个作品的默契样子，思思的没关系，已经用不上了吧！我想孩子们已经了解了对不起的真正意义不仅仅是道歉，而是用行动去改变。真正的对不起，是心里的，而不是嘴上的！

■ 四、事件的分析与解决的方法

（一）原因

认真分析幼儿行为产生的原因，主要有以下几个方面：

1. 幼儿的惯性思维

家长与老师经常提醒幼儿学会分享，或者别人说了对不起要说没关系，让幼儿形成了惯性思维，认为只要是拒绝别人的要求，都是错误的，没能够分清不同情况要做不同的处理。

2. 被忽视

幼儿的心理真实想法和感受，经常被忽略，所以不敢大胆表达自己的想法。

3. 不会应对

幼儿面对别人的拒绝，会手足无措、伤心难过，面对自己这样的情绪，无法自己调节和排解，也不知道怎么做才能够获得谅解，解决问题。

（二）采取的措施

1. 尊重幼儿说"不"的权利

"听话"是好孩子的标准么？答案是否定的，家长和老师，尊重幼儿的心理需求，将幼儿当做平等的个体去看待，遵循他内心的想法，允许和鼓励其将心中的想法表达出来，尊重他的自我，慢慢帮助他形成内心强大的"自我"。在这个过程中，家长与教师的共同配合，家园一致，引导幼儿了解我可以说"不"，有的"不"可以说，有的"不"不可以！

2. 重视社会性学习，学会礼貌"拒绝"

如何变成一个"合格"的社会人，是孩子成长过程中必不可少的一个问题。通过界限教育，引导幼儿发展健康而强大的"自我"，学会礼貌拒绝，保护自己也不伤害他人，既不违反规则、又能充分感受自信和幸福。

3. 认同自我，接受"被拒绝"

挫折是人生的必修课之一，从幼儿时期学会接受"被拒绝"，与"挫折"友好共处，对于幼儿品德的健全发展起着至关重要的作用，这关系到幼儿能不能保护好自己的自信心。当"拒绝"来临时，我们怎样控制好自己的情绪、怎样将负面情绪转变为积极的动力，将小小的自我发展为坚强、勇敢的自我。

●●● 案例三　观察与分析幼儿社会行为的发展

学前幼儿_____攻击_____事件记录（详见表1-7）

观察时间：12.6日上午　　观察地点：教室区域角

观察对象的年龄：3—4　　观察对象的性别：男　　观察者：王倩

● 表1-7 学前幼儿攻击事件

姓名	年龄	性别	持续时间	发生背景	做什么，说什么	结果
1文文	4岁	男	5分钟	在积木区，每五个小朋友一组玩玩具	文文见其他小朋友的玩具好玩，没说话就一把抢了过来，另一个小朋友不撒手，就互相争抢了起来	文文伸手打了小朋友，嘴里还一直嘟囔着我只想玩这个玩具
2晨晨	3岁半	男	10分钟	上课期间，老师分发做游戏的材料	幼儿做手工需要蜡笔，每组一盒，晨晨小朋友占为己有，不让别的小朋友拿	其他小朋友伸手过来拿，晨晨就拿笔扔向其他小朋友
3瑞瑞	4岁	男	5分钟	活动课刚结束，老师组织去洗手	瑞瑞想先洗手，于是插了队，后面的小朋友想把他拉回来	瑞瑞被拉到了后面，生气之下就一把推倒了前面的小朋友
4津津	4岁	男	5分钟	老师奖励小朋友们在图书区自选书看，每人一本，津津和其他小朋友同时选到了一本	两个小朋友都嚷着想要看这本书，谁也不让谁	于是津津就拿书朝其他的小朋友身上扔

分析与引导策略：

　　幼儿有攻击性行为不是天生的，有时是他们认为这样可以解决问题，达到目的。教师发现这类经常性侵犯其他同伴的幼儿，很大一部分都是受到父母的不良影响。因此，教师应与家长一起对幼儿的攻击性行为进行解决。

　　1. 细心观察，耐心引导

　　幼儿年龄小，训斥、棒打等粗暴手段用不得。当有攻击行为发生时，一定先要弄清楚原因，不可无原则迁就，更不可放纵。态度不能粗暴生硬，也不能单调无味说教，没道理的话语，孩子听不进去，反而会引起反感。

　　2. 善于诱导，正面教育

　　随着幼儿年龄的增长，主体性意识的逐步发展，幼儿以自我为中心的表现极其明显，缺乏同伴间的合作，群体意识较差。要为他们提供交往的机会，让他们懂得交往。

　　3. 以身作则，树立榜样

　　幼儿的攻击行为最终会导致对他人的侵犯，应引起家长的重视。虽说攻击性行为会在某种程度上表现为体力上的对抗和竞争，但这也需要在社会行为规范的框架下进行，如参加对抗性的游戏，激发幼儿的拼搏精神等，平时幼儿发生抓、咬、踢人的不文明行为，家长不要纵容，则要坚决制止并加以教育。

　　4. 说服教育，形成良好的习惯

　　在幼儿出现不良行为时，应及时给予指出并教育。

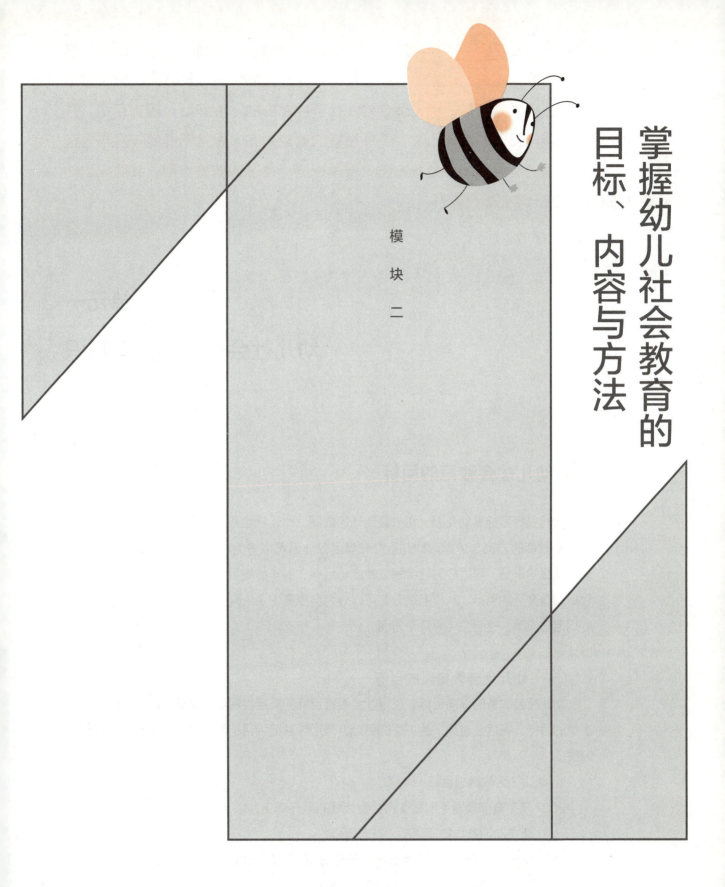

模块二

掌握幼儿社会教育的目标、内容与方法

在了解幼儿社会性发展的基本情况后，应从幼儿社会性发展的特点与水平出发，学习掌握幼儿社会教育基本技能。依据《指南》中的幼儿社会交往与社会适应的两大发展目标和《纲要》的五大教育目标，确定适合幼儿社会性发展的不同年龄阶段的目标，并从幼儿的生活、兴趣与发展的需要出发，选择适宜的教育内容。根据不同的年龄与内容选择体验、实践、角色扮演等多种教育方法，发挥家庭、社区的教育作用，共同构建幼儿社会性教育有效的一体化教育体系。

单元一
幼儿社会教育的基本知识

一、幼儿社会教育的目标

幼儿教育目标是幼儿园一切教育活动的依据。幼儿社会教育的目标是幼儿教师组织实施社会教育的方向与依据。幼儿社会教育目标体系可以分为纵向与横向的结构层次。首先，从纵向来分，可以分为社会领域教育总目标、各年龄段目标、学年与学期的主题单元目标和教育活动目标。从横向来分，可以分为自我意识、人际交往、社会环境与适应、社会规范与道德、社会文化等几个方面。

（一）幼儿社会教育纵向目标

幼儿社会教育的纵向目标，是以社会教育目标的概括性程度的高低加以区分的，即越上层的目标，概括性越高；越下层的目标，概括性越低。目标越具体，越具有操作性和验证性。

1. 幼儿社会教育总目标

2001年教育部颁发《纲要》将社会领域的目标确定为以下内容：

（1）能主动地参与各项活动，有自信心；

（2）乐意与人交往，学习互助、合作和分享，有同情心；

（3）理解并遵守日常生活中基本的社会行为规则；

（4）能努力做好力所能及的事，不怕困难，有初步的责任感；

（5）爱父母长辈、老师和同伴，爱集体、爱家乡、爱祖国。

2. 幼儿社会教育各年龄阶段目标

幼儿社会教育各年龄阶段目标是把社会教育总目标落实到具体的小、中、大不同的年龄阶段，是各个年龄阶段社会教育应达到的最终结果。它来自社会教育总目标，是社会教育总目标的具体和深入。不同年龄阶段的幼儿应当有不同的阶段目标。根据《指南》的要求，将幼儿社会教育各年龄阶段的目标做如下表述：

（1）人际交往

详见表2-1至表2-4。

● 表2-1 愿意与人交往（目标1）

3-4岁	1. 愿意和小朋友一起游戏 2. 愿意与熟悉的长辈一起活动
4-5岁	1. 喜欢和小朋友一起游戏，有经常一起玩的小伙伴 2. 喜欢和长辈交谈，有事愿意告诉长辈
5-6岁	1. 有自己的好朋友，也喜欢结交新朋友 2. 有问题愿意向别人请教 3. 有高兴的或有趣的事愿意与大家分享

● 表2-2 能与同伴友好相处（目标2）

3-4岁	1. 想加入同伴的游戏时，能友好地提出请求 2. 在成人指导下，不争抢、不独霸玩具 3. 与同伴发生冲突时，能听从成人的劝解
4-5岁	1. 会运用介绍自己、交换玩具等简单技巧加入同伴游戏 2. 对大家都喜欢的东西能轮流使用、分享 3. 与同伴发生冲突时，能在他人帮助下和平解决 4. 活动时愿意接受同伴的意见和建议 5. 不欺负弱小
5-6岁	1. 能想办法吸引同伴和自己一起游戏 2. 活动时能与同伴分工合作，遇到困难能一起克服 3. 与同伴发生冲突时能自己协商解决 4. 知道别人的想法有时和自己不一样，能倾听和接受别人的意见，不能接受时会说明理由 5. 不欺负别人，也不允许别人欺负自己

● 表2-3 具有自尊、自信、自主的表现（目标3）

3-4岁	1. 能根据自己的兴趣选择游戏或其他活动 2. 为自己的好行为或活动成果感到高兴 3. 自己能做的事情愿意自己做 4. 喜欢承担一些小任务
4-5岁	1. 能按自己的想法进行游戏或其他活动 2. 知道自己的一些优点和长处，并对此感到满意 3. 自己的事情尽量自己做，不愿意依赖别人 4. 敢于尝试有一定难度的活动和任务
5-6岁	1. 能主动发起活动或在活动中出主意、想办法 2. 做了好事或取得了成功后还想做得更好 3. 自己的事情自己做，不会的愿意学 4. 主动承担任务，遇到困难能够坚持而不轻易求助 5. 与别人的看法不同时，敢于坚持自己的意见并说出理由

● 表2-4 关心尊重他人（目标4）

3-4岁	1. 长辈讲话时能认真听，并能听从长辈的要求 2. 身边的人生病或不开心时表示同情 3. 在提醒下能做到不打扰别人
4-5岁	1. 会用礼貌的方式向长辈表达自己的要求和想法 2. 能注意到别人的情绪，并有关心、体贴的表现 3. 知道父母的职业，能体会到父母为养育自己所付出的辛劳
5-6岁	1. 能有礼貌地与人交往 2. 能关注别人的情绪和需要，并能给予力所能及的帮助 3. 尊重为大家提供服务的人，珍惜他们的劳动成果 4. 接纳、尊重与自己的生活方式或习惯不同的人

（2）社会适应

详见表2-5至表2-7。

● 表2-5 喜欢并适应群体生活（目标1）

3-4岁	1. 对群体活动有兴趣 2. 对幼儿园的生活好奇，喜欢上幼儿园
4-5岁	1. 愿意并主动参加群体活动 2. 愿意与家长一起参加小区的一些群体活动
5-6岁	1. 在群体活动中积极、快乐 2. 对小学生活有好奇和向往

● 表2-6 遵守基本的行为规范（目标2）

3-4岁	1. 在提醒下，能遵守游戏和公共场所的规则 2. 知道不经允许不能拿别人的东西，借别人的东西要归还 3. 在成人提醒下，爱护玩具和其他物品
4-5岁	1. 感受规则的意义，并能基本遵守规则 2. 不私自拿不属于自己的东西 3. 知道说谎是不对的 4. 知道接受了的任务要努力完成 5. 在提醒下，能节约粮食、水电等
5-6岁	1. 理解规则的意义，能与同伴协商制定游戏和活动规则 2. 爱惜物品，用别人的东西时也知道爱护 3. 做了错事敢于承认，不说谎 4. 能认真负责地完成自己所接受的任务 5. 爱护身边的环境，注意节约资源

● 表2-7 具有初步的归属感（目标3）

3-4岁	1. 知道和自己一起生活的家庭成员及与自己的关系，体会到自己是家庭的一员 2. 能感受到家庭生活的温暖，爱父母，亲近与信赖长辈 3. 能说出自己家所在街道、小区（乡镇、村）的名称 4. 认识国旗，知道国歌

4–5岁	1. 喜欢自己所在的幼儿园和班级，积极参加集体活动 2. 能说出自己家所在地的省、市、县（区）名称，知道当地有代表性的物产或景观 3. 知道自己是中国人 4. 奏国歌、升国旗时能自动站好
5–6岁	1. 愿意为集体做事，为集体的成绩感到高兴 2. 能感受到家乡的发展变化并为此感到高兴 3. 知道自己的民族，知道中国是一个多民族的大家庭，各民族之间要互相尊重，团结友爱 4. 知道国家一些重大成就，爱祖国，为自己是中国人感到自豪

3. 幼儿社会教育的单元目标

单元目标既可以指时间单元的目标，也可以指内容（主题）单元的目标。在幼儿园的教育实践时，不同年龄阶段的儿童社会领域目标，根据时间又可以具体化为年度教育目标、学期目标、月目标、周目标和日目标，或是根据实际教育活动分为主题活动目标。因此教师常常会根据年龄段，将目标分解落实在不同的主题活动中，并通过一系列的教育活动实施，实现主题活动的目标。

例如我和图书做朋友的主题活动目标：

（1）认识各种各样的书，了解书的来历、结构及功能，在与书对话的过程中喜爱书，和书交朋友。

（2）学会正确的看书方法及修补图书的基本方法，激发对阅读的兴趣，及对文字的敏感性，能够爱护图书。

（3）活动中愿意合作、分享、交流，能大胆运用语言、绘画、歌唱、制作等形式进行表达。

4. 幼儿社会教育的活动目标

教育活动目标是最具体的目标，它是单元目标的具体化和展开，必须与前三个层次的目标保持一致性、对应性。教育活动目标是教师在教育活动中通过一定的方法和途径直接实现的目标。教育活动目标的主要特点是具有可操作性，通常由教师制定，可以通过具体的教和学，通过师幼及环境的相互作用得以实现。

例如我和图书做朋友的主题下的教育活动"有趣的图书"的教育活动目标：

（1）幼儿初步了解图书的结构，知道图书的种类很多，有不同的作用。

（2）知道可以从图书中学到很多知识，培养幼儿对阅读的兴趣。

（二）幼儿社会教育横向目标

《指南》将幼儿社会领域的目标从横向分为两大子领域：人际交往和社会适应。主要涵盖了个体在社会发展中的自我—人与人—人与社会（环境）三个不同的维度。从社会领域目标内涵的角度把社会领域目标分为五个方面：自我意识、人际交往、社会环境与适应、社会规范与道德、社会文化。每个方面的具体目标为：

1. 自我意识

（1） 初步了解有关自己成长的最基本的知识。

（2） 认识和接纳自己，能进行准确的自我评价。

（3） 能认识、理解和恰当表达自己的情绪。

（4） 逐步确立自信心和自尊心，形成一定的独立性。

（5） 学会克制自己，能遵守基本的集体规则，完成一定的任务，形成规则意识、任务意识及基本的自我控制能力。

（6） 能正确评价小朋友，产生向小朋友学习的愿望和行为，具备一定的同情心和宽容心。

2. 人际交往

（1） 了解父母、老师、同伴和其他社会成员，逐渐学会同情、关心他人，并乐于帮助他人，形成爱父母长辈、老师和同伴的情感。

（2） 能积极地同他人交往，学会合作、交往、分享和谦让的基本社会技能。

（3） 了解自己所在的集体，逐步适应并喜欢集体生活，初步产生对集体的关心喜欢之情。

（4） 初步具备诚实、勇敢、守纪等基本品质，形成乐观开朗的性格。

3. 社会环境与适应

（1） 了解自己的家庭，知道自己的成长与家人的关系，产生热爱家人的情感。

（2） 了解自己的幼儿园，逐步形成集体荣誉感，能为班级、幼儿园做力所能及的事。

（3） 初步认识主要的生活机构、设施及其与自己生活的关系，理解周围不同职业人们的劳动，逐步产生尊重劳动者的情感。

（4） 知道自己家乡的名称，了解家乡的风俗、特产和名胜古迹，逐步确立热爱家乡的情感。

（5） 知道我国的国名、国旗、国歌和国徽，初步了解我国的少数民族和主要的风景名胜，逐渐产生爱祖国的情感。

（6）知道世界是由许多国家和民族组成的，萌发热爱和平的情感。

4. 社会规范与道德

（1）了解并掌握基本的公共卫生规则，懂得保护环境并形成一定的环保意识。

（2）了解并掌握基本的公共交通规则和公共场所规则，逐步确立安全意识和公德意识。

（3）了解并逐步掌握与人交往的基本规则，学会与人交往。

（4）了解并掌握各种学习活动的规则，学会学习。

（5）初步懂得正确与错误，形成基本的是非观、爱憎观。

5. 社会文化

（1）初步感受具有代表性的社区文化。

（2）了解我国的主要人文景观及重大历史事件，产生对社会历史的兴趣。

（3）了解我国主要的传统节日、风俗习惯和民间艺术，对祖国的传统文化产生兴趣。

（4）知道我国是一个多民族国家，了解一些少数民族的风俗文化。

（5）初步了解世界著名的人文景观及优秀的艺术作品，产生对世界文化的兴趣。

二、幼儿社会教育的内容

幼儿社会教育的内容是社会领域课程的主体部分，是社会领域目标的具体化，是实现社会课程目标的重要保证和手段。确定社会教育内容的依据主要有以下几方面。

（一）幼儿社会教育内容选择的依据

幼儿社会教育内容要反映社会的要求和愿望，关注社会的变化，关注社会的未来和世界的未来。社会教育的内容的选择和确定，主要是以幼儿社会教育的目标为依据，在选择社会教育内容时要避免对教育目标的遗漏、偏颇或是无效重复，即内容要与目标要有对应性。

要符合幼儿的认知水平，需要选择生动、形象的教育内容，有助于幼儿理解与接受。不同年龄段的幼儿水平不同，同一内容对不同年龄的幼儿的要求也不一样。因此，幼儿的社会学习内容是螺旋上升的。如表2-1所示"愿意与人交往"，不同的年龄段幼儿学习与发展的要求是有梯度差异的。小班"愿意和小朋友一起游戏。愿意与熟悉的长辈一起活动"的目标中态度是"愿意"，到了中班同一游戏，目标则是"喜欢和熟悉的人"，大班同一游戏，目标则是"喜欢结交新朋友"。同样的与人交往的态度，呈现出交往意愿的程度和丰富性是不一样的。

（二）幼儿社会教育的具体内容

幼儿社会教育的具体内容，是指幼儿社会领域所包含的特定现象、事实、规则及问题等基本的组成部分。它们依照一定的原则，是一个有机的整体，是实现社会教育目标的重要保证。

1.《纲要》对幼儿社会教育内容的要求

（1）引导幼儿参加各种集体活动，体验与教师、同伴等共同生活的乐趣，说明他们正确认识自己和他人，养成对他人、社会亲近、合作的态度，学习初步的人际交往技能。

（2）为每个幼儿提供表现自己长处和获得成功的机会，增强其自尊心和自信心。

（3）提供自由活动的机会，支持幼儿自主地选择、计划活动，鼓励他们通过多方面的努力解决问题，不轻易放弃克服困难的尝试。

（4）在共同的生活和活动中，以多种方式引导幼儿认识、体验并理解基本的社会行为规则，学习自律和尊重他人。

（5）教育幼儿爱护玩具和其他物品，爱护公物和公共环境。

（6）与家庭、小区合作，引导幼儿了解自己的亲人以及与自己生活有关的各行各业人们的劳动，培养其对劳动者的热爱和对劳动成果的尊重。

（7）充分利用社会资源，引导幼儿实际感受祖国文化的丰富与优秀，感受家乡的变化和发展，激发幼儿爱家乡、爱祖国的情感。

（8）适当向幼儿介绍我国各民族和世界其他国家、民族的文化，使其感知人类文化的多样性和差异性，培养理解、尊重、平等的态度。

从上面内容我们看到，《纲要》对幼儿社会教育内容的范围做了基本的界定，确定了幼儿社会教育具体内容的范围。

2.《指南》对社会教育内容的要求

《指南》把自我意识、人际交往、社会环境与适应、社会规范与道德、社会文化等几个方面作为社会教育的主要内容。

（1）自我意识

自我意识主要包括自我认识，自我体验与自我调控三个方面。自我意识是幼儿社会性及个性发展的心理基础，幼儿的自我意识刚刚萌芽，处于初步发展阶段。因此，有关自我意识的教育内容要和幼儿的心理特点相符合。在此把自我意识的教育内容归纳为表2-8所示的内容：

● 表2-8 幼儿自我意识的教育内容

教育内容	一级分解	二级分解	三级分解
自我意识	自我认识	自我概念	对自己表面特征的认识：身体、面貌、性别、姓名、所有物等 内在的认识：对自己兴趣、能力、在团体中的地位以及自己家人的认识
		自我评价	兴趣、外表、成就感、能力、纪律、体育、交往等
	自我体验	自尊	自我尊重、自我爱护和期望他人的尊重
		自信	对自己能力和价值认识和估计的成功体验
	自我调控	自制力	对动作、认知、运动、情绪情感的控制
		自觉性	无人监督，仍能自我提醒与监督
		坚持性	为实现一定目的，克服困难，持久的行为倾向
		延迟满足	为更长远的结果而放弃，及时满足抉择的取向

（2）人际交往

人际交往方面的教育内容，主要包括交往态度、交往规则、交往技能，以及交往中形成的自我意识、他人意识和相互关系。对幼儿来说，人际交往的内容主要是三类。具体内容见表2-9：

● 表2-9 人际交往的内容[1]

人际交往类型	活动内容
亲子交往	了解父母的姓名、职业，父母为自己所做的事情 由父母对自己的关心爱护扩展到熟悉父母的姓名、兴趣爱好、职业等 体验父母对自己的关心、爱护，从而建立起良好的亲子关系 培养学前儿童对父母和长辈的依恋和信任感
同伴交往	能以合理的方式提出自己的要求，表达自己的感受 能自信得体地与人打招呼，交谈 能不随意插嘴，尊重别人的意见 懂得沟通交流、合作妥协、平等竞争等

---

1 李焕稳. 幼儿社会教育[M]. 北京：北京师范大学出版社，2015：103.

人际交往类型	活动内容
同伴交往	愿意帮助他人，对别人的难过表示关注与同情 能有办法解决冲突
师生交往	教师要教育幼儿喜欢并逐步习惯幼儿园的集体生活 懂得爱护公共财物，懂得爱护公共财物，关心集体、遵守集体生活规则等 在交往的过程中建立平等、自由、温暖、宽松的师生关系

（3）社会环境与适应

社会环境指幼儿生活中经常接触的一些社会组织形态、社会机构和其中的社会角色。社会环境主要包括家庭、幼儿园、小区、家乡、祖国等。不同的环境中有不同的人员，如家庭和家庭成员，幼儿园和幼儿园工作人员、小朋友，商店和售货员、顾客，医院和医生、病人，以及家乡（城市、农村）、祖国和她的建设者、保卫者等。选择这方面内容，是为了说明幼儿了解和熟悉自己的生活环境，了解和熟悉与自己生活有关的人及他们的劳动，从而丰富其生活经验，扩大视野，初步感受人们（包括自己）之间、人与社会之间的相互依存关系，进而提高他们的社会适应性。

（4）社会规范与道德

行为规范是社会群体或个人在参与社会活动中所遵循的规则、准则的总称，是社会认可和人们普遍接受的具有一般约束力的行为标准。通过学习，习惯于按照这些准则去行动，从而逐渐培养他们的道德意识和按道德标准行动的自觉性。行为规范不仅仅是用来约束幼儿的行为，而是帮助幼儿养成良好的行为习惯，为幼儿良好性格的培养奠定早期的行为基础。我们把幼儿时期，需要学习的社会规范归纳为生活习惯、学习习惯、文明礼仪、安全意识等几个方面，详见表2-10。

● 表2-10 社会规范与道德内容

规范类型	具体内容
生活习惯	1. 文明进餐，细嚼慢咽，不挑食，会正确使用餐具，保持桌面、碗和衣服整洁，餐后擦嘴，用温水漱口，会收拾餐具 2. 学会正确的喝水方法，能根据自己的需要喝水 3. 养成饭前、便后、手脏时自觉洗手的习惯，正确洗手、洗脸，不玩水，保持盥洗室地板清洁等

规范类型	具体内容
生活习惯	4. 养成每日按时大小便的习惯，大小便时能自理、不随地大小便 5. 能安静地进寝室，保持正确的睡眠姿势；独立、迅速、有序地脱衣裤和鞋袜。整理好后放到固定的地方，学会整理床铺 6. 爱清洁、讲卫生、勤洗澡、勤理发、勤剪指甲，不随地吐痰，咳嗽打喷嚏时会捂住嘴巴
学习习惯	1. 理解并遵守学习、游戏常规，与同伴友好地一起活动，不打扰和影响别人 2. 主动地参与各项活动，好提问，勤动手，有自信心 3. 能大胆清楚地表达自己的想法和感受，会用适当的方式表达、交流探索的过程和结果 4. 乐于参加艺术活动，能用自己喜欢的方式进行艺术表现活动 5. 乐探究，尝试各种材料进行操作学习，养成轻拿轻放的好习惯 6. 注意坐姿，握笔姿势正确，养成良好的阅读习惯
文明礼仪	1. 热爱祖国，尊敬国旗，升旗时要立正，行注目礼 2. 爱父母，爱老师，尊敬长辈，关心他人，愿意帮助别人做力所能及的事情 3. 喜欢幼儿园，爱小朋友，遵守集体规则，与同伴友好相处，乐于帮助同伴 4. 礼貌待人，能问候别人，会使用礼貌用语，能注意倾听别人的讲话，不大声喧哗 5. 会听从劝告，不随意发脾气，乐意帮助弱小和有困难的同伴，懂礼让 6. 懂秩序，守规矩，起坐轻便，离座时，桌椅、物品归位，轻开门窗 7. 诚实、勇敢、不说谎，未经允许不随意拿别人的东西 8. 能友好地与同伴一起活动，不打扰和影响别人
安全意识	1. 认识各种安全标志 2. 学会保护自己，不玩火，不玩电，不玩危险游戏，不跟陌生人走 3. 懂得自然灾害中逃生的基本方法 4. 有急事时会拨打家人电话和119、110、112等急救电话 5. 了解饮食起居方面的安全常识，防止异物入体以及预防中毒等

动画2-1 幼儿一日生活中的礼仪

微课2-1 幼儿礼仪教育

在社会生活中因交往对象和交往情境不同而对交往的礼仪也是不同的。动画2-1表现的就是幼儿常见的礼仪行为。朗朗上口的儿歌和形象的动画可以让幼儿方便学会与人交往的礼仪，成为一个文明礼貌的孩子。

绘本是进行幼儿社会教育的很好的载体，我们选择适宜的绘本在家庭中可以进行亲子阅读，也可以在幼儿园开展幼儿教育活动。微课2-1就是通过绘本让幼儿知道如何在生活中注意行为礼仪。

（5）社会文化

社会文化指幼儿需要了解人类在社会历史发展过程中所创造的物质财富和精神财富。

幼儿生活在这个多元的社会文化背景当中，通过学习与分享不同的文化背景，如家庭习俗、语言、食物、音乐、价值观、家庭关系、生活类型、文化庆祝和民族遗产等，引导幼儿从小熟悉民族的优秀文化，认同它们，使爱国主义情感不知不觉、自然而然地深深扎根于他们幼小的心灵之中。同时，世界优秀文化是全人类的共同财富，了解各种不同的文化，学会尊重它们，鉴赏它们，有利于开阔幼儿的视野，培养广阔的胸怀。

社会文化主要包括传统文化和世界文化。社会文化对幼儿社会性发展的促进作用，主要通过幼儿对各种社会文化的认知以及参与各种社会文化生活活动等方式来实现的。社会文化的学习与了解主要包括节日、工艺等内容。

为了全面系统地进行学前儿童社会文化教育活动设计，将适合学前儿童阶段的社会文化活动，用表格的形式列出具体的内容框架，详见表2-11、表2-12。

● **表2-11 社会文化教育活动内容**[1]

教育内容	一级分解	二级分解	三级分解
多元社会文化	传统文化	传统节日	春节、元宵节、清明节、端午节、中秋节、重阳节、腊八节、除夕等
		民风民俗	饮食厨艺、对联、婚嫁、武术、神话、传说
		传统艺术	剪纸、风筝、刺绣、年画、戏曲、建筑等
		少数民族	风俗习惯、历史传说、服饰
	世界文化	典型节日	母亲节、父亲节、愚人节等
		生活习惯	礼仪、饮食、语言、交往等

动画2-2
传统文化

传统文化如何进入幼儿园的教育活动中去，幼教工作者结合当地的文化特色，开展了丰富多彩的教育活动，下面的动画2-2就反映了幼儿园传统文化的教育。

● **表2-12 传统节日活动的核心特征**[2]

节日	身体实践	来源传说	情感体验
春节	饮食：糖果、饺子等过年的吃食 习俗：年画、春联、拜年、压岁钱、元宵、灯笼、窗花、祭祖等	十二生肖故事 年兽的故事 春节中拜神传说	团圆 喜庆欢乐

1 李焕稳. 幼儿社会教育[M]. 北京：北京师范大学出版社，2015：138.
2 李娜. 幼儿园节日活动中社会教育的现状研究[D]，南京师范大学硕士学位论文，2015.

节日	身体实践		来源传说	情感体验
清明节	饮食：青团 习俗：祭祖、踏青、放风筝		清明节的来历	追念先祖与去世的伟人、亲人等。 放飞心灵、感受春天
端午节	饮食：粽子、茶叶蛋等 习俗：挂香囊、划龙舟等		屈原的故事 黄巢的传说	忠诚爱国
中秋节	饮食：月饼 习俗：赏月		中秋节来历 嫦娥奔月	团圆
重阳节	饮食：重阳糕 习俗：登高		重阳节的来历	尊敬、孝敬老人

微课2-2
节日教育

　　微课2-2中教师以"春节"为例介绍了节日教育的内涵的挖掘和应用。学习者可以参照表2-12或打开视频进一步了解幼儿园如何进行节日教育。

　　总而言之，教师在确定幼儿社会教育的内容时，无论是依据幼儿社会教育的目标，还是考虑社会现实的需要，抑或是促进幼儿的发展，都应当铭记两条基本原则：一是生活经验是教育内容的重要来源和依据；二是幼儿能与之"对话"的学科知识才有引入课程内容的价值。

三、幼儿社会教育方法

　　幼儿社会教育是教育者和受教育者围绕共同的目标，通过一定的内容，在相应方法的指导下展开的。所以，教育目标的实现、教育内容的实施，都离不开教育方法，教育方法是教育过程的纽带，在教育活动中起着非常重要的作用。选择科学、合理、灵活且具创造性的教育方法，才能使幼儿的社会教育顺利开展，才能实现学前社会教育活动的目标，才能取得良好的教育效果。社会教育方法常用的有以下几种：

（一）讲解演示法

　　讲解演示法是教师通过有计划有目的地向幼儿出示实物、图片、教具、录像等直观材料，并配合生动的语言讲解，让幼儿认识、领会、体验和表现相应知识、情感和行为的教育方法。讲解演示法，充分调动了幼儿的视觉、听觉、触觉，使幼儿的感知与理解相结合，易引起幼儿的学习兴趣和积极性。运用讲解演示法时应注意以下几点：

1. 目的明确

演示要有明确的目的，不能只是为了引起幼儿兴趣而演示，要有目的、有针对性地运用演示法，同时演示要尽可能地使每个幼儿都观察到演示的对象与过程。

2. 控制好节奏

把握讲解和演示的节奏，避免幼儿将注意力放在了演示材料上，而忽视了语言的讲解和理解。

3. 适时呈现材料

展示时，让全体幼儿都看清楚演示材料，演示后不需要时便把演示材料收起来，以便不影响后面的讲解、讨论和总结。

（二）观察访问法

观察访问法是在社会教育过程中，教师根据一定的教育目标和要求，组织幼儿到园外的一些场所，对实际事物或现象进行观察、访问、思考，从中获得新的社会知识的教育方法。运用这一方法时应注意以下几点：

1. 观察访问前准备工作

教师要选择和确定访问的具体目标、对象、时间、地点；制订好计划，包括在访问中教师应如何引导幼儿观察，参观后幼儿应获得的知识等；做好物质方面的准备，如水、纸等；教师应提前去到访问的地方察看，和有关人员商量好参观安排。

教师要提前通过简单的谈话让幼儿获取相关的必要知识，教师应让幼儿做好心理上的准备，同时激发幼儿参加活动的兴趣。

2. 观察访问中指导工作

教师或工作人员要因势利导地进行讲解，引导幼儿要注意观察，启发幼儿主动联想过去的知识经验思考。教师时时处处要做好组织工作，维持好秩序和注意保障幼儿的安全。

3. 观察访问后总结工作

总结是非常必要的，能使幼儿获得的零散知识更有条理。总结可选用适当的方法。若不忙，教师可请工作人员现场总结，用联欢和实践的方式体验和结束参观活动；若考虑到工作人员忙，可自然结束。

4. 其他事项

观察访问的内容要与幼儿的生活紧密联系，地点不要太远，时间最好选在上午。适当增加组织的人员。观察访问后，可组织谈话或开设相应的活动区域（延伸活动），以便巩固幼儿新知。

（三）角色扮演法

角色扮演法是教师创设现实生活或故事中的某种情景，让幼儿通过角色扮演，表现出与该角色一致的社会行为，亲自体验他人的角色，以增进对他人社会角色及自身原有角色的理解，从而更好地履行自己角色的教育方法。

运用角色扮演法时，应注意以下几点：

1. 让幼儿扮演所熟悉的角色

幼儿熟悉的角色对于幼儿来说有经验积累，有助于幼儿模仿扮演角色的行为。例如，扮演爸爸、妈妈、老师，或是警察、医生、售货员等。

2. 体现层次性和针对性

小班幼儿的角色扮演对角色的行为举止只能是动作的简单模仿；中班幼儿的角色扮演则要求角色清晰，以角色的职责进行按规则有序的交往。如超市，有收银、理货、运输等岗位，并提供相应的玩具材料；大班幼儿角色扮演要求真实性，游戏质量要求更高，表现形式的多样性。如角色竞争上岗、持证上岗等。

3. 尊重幼儿的角色选择

角色扮演中要充分发挥幼儿的主动性、积极性和创造性，教师应鼓励和指导幼儿变化角色和创造角色，不应经常去分配和导演角色。

4. 角色应是积极向上的

角色扮演的内容应是合作、友善、诚信等亲社会行为，如"猜猜我有多爱你"表达了母子之间的亲情。如"狼来了"的故事，让小朋友知道说谎的危害。应多让幼儿扮演正面角色。

5. 角色扮演的内容要简明、适宜表演

情节要简单，对话、动作要多，适于表演。如"拔萝卜"就非常适合表演。

动画2-3
角色扮演

动画2-3中就是运用了角色扮演的方式，让幼儿在角色体验中认识各种社会角色，以及角色行为和态度。

（四）情境体验法

情境体验法是体验式教学的一种方法，是教师运用多种教学媒体与教学资源，创设生动的社会情境，引导幼儿通过模仿、表演、交流、参观等去体验社会情境中的人、事、物，从而获得深刻的社会认知，丰富社会情感态度，掌握亲社会行为的一种方法。采用情境体验法将社会态度和社会情感的培养渗透在多种活动和一日生活的各个环节中，充分利用社会资源，感受各行各业的劳动，以多种方式认识、体验并理解基本的社会行为，养成亲近他人、亲近社会、乐于合作的积极态度。

在运用情境体验法时应注意以下几点：

1. 创设适宜的情境，激发幼儿的情感

情由境生，触景生情。教师要创设适宜的情境，要让幼儿身临其境，在具体情境的感染下激发、唤醒幼儿产生各种情感。但要注意避免出现引发幼儿恐慌的情境，使幼儿产生不良的情感体验。

2. 帮助幼儿学会明确表达情感

教师要根据需要帮助幼儿将获得的感性体验进行概括、提取。如幼儿拿着自己的作品向老师展示，老师要读懂孩子需要肯定与鼓励的需要，尽管幼儿的作品不是很美观，但却是幼儿引以自豪的，老师要帮助幼儿将情绪明确表达出来，如"你今天做了一件与众不同的作品，你很自豪和开心，对吧。"

3. 给与充分的时间与机会，分享与累积情感

在教师创设的情境中，要给予幼儿充分表达、表现的机会和交往的机会，使他们成为活动的主体，这样他们获得的体验才是深刻、自发的。同时创设多种情境，让幼儿不断在相同或类似的情境下累积情绪体验，以发展幼儿的社会情感。

（五）实践练习法

所谓实践练习法是指在社会教育过程中，教师组织幼儿按照正确的社会行为规范进行练习，最终是幼儿形成良好行为习惯的方法。这是形成和巩固幼儿社会行为最有效的方法。

习惯的养成不是靠几次活动或说教就能实现的，需要经过反复练习。幼儿良好的行为习惯、生活习惯，以及人际交往能力，需要经常实践练习，形成自觉行动，即使在不懂得很多道理的情况下，也能自觉地按正确的方法面对周围世界，并不断适应社会。实践练习法的形式是多种多样的，如修补图书、做值日生、劳动等，还有在各种生活情景中教师组织的幼儿行为练习，如来园和离园的礼貌行为练习，文明用餐的行为练习等。

在运用实践练习法时，应注意以下几点：

1. 实践练习的目的和要求要明确

在行为练习中，教师的指令与要求明确，幼儿才会把注意力关注到当前的动作中，从而掌握动作要领。

2. 实践练习要循序渐进

幼儿的行为习惯的养成要小步子进行，循序渐进。让幼儿不断在新技能、新动作的学习中，获得成就感，这会激发幼儿进一步学习的兴趣与愿望。

3. 实践练习要前后一致，做到持之以恒

根据动力定型的原理，一个人的动作由生疏到自觉、自动化要坚持重复、强化若干次

后才会习惯成自然。所以教师与家长要有耐心，允许幼儿犯错，甚至退化等，静待花开。

4. 每个幼儿要有练习的机会，练习的时间不宜太仓促

幼儿的学习方式是在感知体验和实践操作中进行的，没有足够的练习机会，就没有深刻的体验，更不会有熟练而自然的动作与习惯。

5. 注意激发幼儿练习的愿望，要让幼儿真正在练习中体验到快乐

行为的实践与联系，切忌单调、枯燥、机械。即使是成人也会厌倦，何况年幼的孩子。因此教师与家长一定要从幼儿的兴趣出发，用丰富多样的活动形式来练习，在游戏中练习，在生活中迁移应用，增加幼儿的成功机会，让幼儿的快乐持久而深刻。

（六）陶冶法

陶冶法主要是利用人际关系、行为环境、社会风气、情感气氛等来陶冶幼儿的性情，培养幼儿良好的社会公德、社会行为和亲社会情感。它包括环境陶冶法和艺术感染法。

1. 环境陶冶法

环境陶冶法即通过优美的自然环境，良好的社会环境和教师有意识创设的教育情景，对幼儿进行社会化培养的一种教育方法。幼儿由于其年龄特点，对事物、问题尚未形成积极稳定正确的认识，容易受外界环境的影响，所以教师有必要引导幼儿感受与体验外部环境的熏陶，并有意识地创设良好的教育环境，使幼儿的社会性情感、社会习惯得到良好的培养和陶冶。

2. 艺术感染法

艺术感染法即利用音乐、绘画等艺术形式的感染力，渗透幼儿心灵，使幼儿得到心灵的感染与熏陶，激发幼儿的情感，并使之化作行动的一种教育方法。艺术感染法主要运用于社会领域教育的社会文化教育活动中，因为社会文化中的人文景观、文化精品、优秀的艺术作品等，本身就体现了较高的艺术性。幼儿在学习、观赏时获得了直接积极的情感体验，有利于社会情感的激发与培养。

运用这种方法时，应注意以下两点：

（1）选择有针对性的作品

选择有利于幼儿社会性发展的艺术作品，如音乐、绘画、童话故事等，有针对性地激发与唤醒幼儿相应的社会情感。

（2）在活动中加深体验

在幼儿的生活和教育活动中，要有意识地创造机会让幼儿参与互动与实践体验活动，在活动中加深与累积幼儿积极的社会情感。

（七）榜样示范法

榜样示范法是教育者通过用他人优秀的思想或行为作为榜样去影响和教育幼儿，使幼儿具有良好社会行为和质量的教育方法。幼儿的可塑性大，模仿性强，给他们提供生动具体的榜样形象，有助于他们受到感染并领会道德标准和行为规范，养成良好的道德品质和社会行为习惯。

榜样示范法在使用时应注意以下几点：

1. 选择幼儿能理解和接受的榜样

在为幼儿提供的榜样行为一定是要符合幼儿的认知水平，符合不同年龄阶段幼儿的理解力。以同伴为榜样的教育模仿效果更好。

2. 用正面榜样，避免幼儿模仿错误行为

幼儿的学习特点就是模仿，但是他们又是缺乏明确的是非判断能力，因此，为幼儿提供的"范例"一定要是正面的榜样。

3. 教师要严于律己，以身作则

教师作为幼儿成长发展中的重要他人，在幼儿的心目中具有很高的权威。而且教师每天与幼儿朝夕相处，其言行举止会成为幼儿模仿的榜样。

幼儿社会教育的方法，各有不同的特点和作用，但它们之间是相互配合、互相补充的，教师在运用这些方法时，要考虑到教育对象的不同特点，依据教育活动本身所具有的规律性，发挥老师的教育才智，对教育方法进行艺术性的再创造、再加工，达到灵活运用，以表现自己的教学艺术和教学风格。

单元二
幼儿社会教育的目标、内容与方法实训

●● 任务一　分析社会教育活动目标与内容的适宜性

■ 一、实训目的

学习者通过本任务的实训活动，对照《指南》中有关幼儿社会教育的发展目标，学会分析幼儿社会教育活动方案中的目标的适宜性。

■ 二、实训过程

（一）形式

个人独立完成。

（二）内容与要求

每人在网络上搜集有关社会教育某一主题（如《我长大了》）的案例，小班、中班、大班各一个，然后针对每个案例中的教育目标、内容进行一一分析，并通过比较，分析三个年龄阶段的目标与内容的连续性与适宜性。

（三）完成时间

1周。

■ 三、实训材料

在网络或杂志上任选一个主题，小班、中班、大班不同年龄班的幼儿社会教育活动案例三个。

■ 四、实训地点

学校教室。

■ 五、实训考核

上交搜集的3个电子教案以及对教案的分析结果，分析应对照《指南》中不同年龄阶段的相关目标，做出科学合理的分析。

●● 任务二　手绘地图

■ 一、实训目的

通过让学习者手绘校园（或家乡）的地图，了解地图在社会教育中的作用，同时也体

图2-1 某景区的手绘地图样例

验与实践了幼儿社会教育内容中的"社会环境"与社会教育方法中的"观察访问法"。

■ 二、实训过程

（一）形式

小组合作完成。将班级的学生每5 ~ 6人为一组，分为若干组。

（二）内容与要求

要求每组学生首先要实地观察与了解所要手绘的环境，如校园或小区等。用文字、照片、图片记录下该环境区域的标志性植物、街道、建筑等。然后集体完成一个该区域环境的手绘地图。

（三）完成时间

4周内。

■ 三、实训材料

用于绘制手工地图的图画纸、各种绘画、手工材料、照相机。同时参考图2-1某景区的手绘地图样例。

■ 四、实训地点

学校教室。

■ 五、实训考核

小组合作完成，材料多样，表现方式可以个性化，但是地图的基本信息要有。

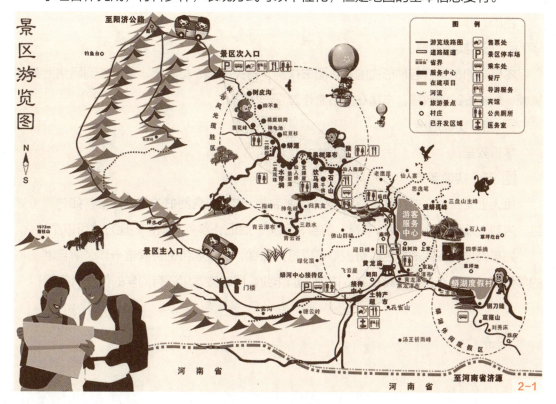

微课 2-3
手绘地图

如果同学们在完成作业时有困难可以打开微课 2-3，通过微课中老师的讲解进一步了解手绘地图的价值与制作要求，进一步理解"观察访问法"的应用。

●● 任务三　自制图书

■ 一、实训目的

本任务通过让学习者个人完成自制图书，让学生增强阅读的意识与习惯，同时在自制图书的过程中，体验与实践社会教育的内容"自我意识""社会文化"等内容和"行为实践练习"方法。

■ 二、实训过程

（一）形式

个人独立完成。

（二）内容与要求

要求每人制作一本有关自己的图书，内容是介绍与展示自己的方方面面，图书的材料与表现形式不限。建议在制作图书之前，先了解一本图书的基本要素以及图书的历史与装帧等。

（三）完成时间

四周。

■ 三、实训材料

本任务的材料：各种形式的实物图书样例，有关装帧、材质等。可以参阅网络上有关装帧、版式设计的教程，丰富在图书制作过程的思路。

■ 四、实训地点

学校教室。

■ 五、实训考核

每人上交一个图书作品，要求个人单独完成，作品包含图书的基本元素，如封面（外封、内封）、版权页、封底、书脊、前言、正文、后记、参考文献，表现方式可以个性化。

如果同学们在完成作业时有困难可以打开微课，通过老师的讲解进一步了解自制图书的具体要求，也许就会更易于完成该项实训作业。同时微课里还有同学的作业示范呢！

微课 2-4
自制图书

●● 任务四　体验讲解演示法

■ 一、实训目的

本任务通过学习者以小组为单位的查阅与分享，交流本组感兴趣的社会文化主题，让学习者了解社会文化的多种形式与载体。同时在分享交流中，体验与实践社会教育的内容"社会文化"和"讲解演示法"。

■ 二、实训过程

（一）形式

小组合作完成。

（二）内容与要求

全班按5～6人一组分为若干组。要求小组的每个人进行任务的分工与合作，如有的查阅文献，有的制作PPT，有的交流分享等。学习者通过了解世界文化遗产，选出自己小组感兴趣的主题，制作PPT，并以小组为单位进行汇报。

（三）完成时间

2周。

■ 三、实训材料

网站推荐，如中国非物质文化遗产网等。

■ 四、实训地点

学校教室。

■ 五、实训考核

每组提交一份有关社会文化展播的PPT，社会文化的内容可自选。国内外均可。要求PPT内容丰富，图文并茂，讲解生动，有交流与互动。

●● 任务五　社会教育方法的综合运用

■ 一、实训目的

本任务通过让学习者观摩幼儿园教师的教学活动视频，分析幼儿社会教育活动方法的综合运用。

■ 二、实训过程

（一）形式

个人独立完成。

（二）内容与要求

分析幼儿园社会教育活动中社会教育方法的运用。

观看一节幼儿园教师的社会活动教学视频，用表2-13，记录并分析其中不同环节运用了哪些社会教育活动方法。

● **表2-13 "社会教育方法的运用" 活动记录表**

活动名称：

班级：　　　　　　记录人：

	活动环节记录	活动方法	分析
导入			
环节1			
环节2			
环节3			
小结			

（三）完成时间

一节课。

■ 三、实训材料

指定1个幼儿的社会教育活动视频。

■ 四、实训地点

学校教室。

■ 五、实训考核

每人提交一份视频分析记录表，要求内容翔实，方法分析恰当。

微课视频2-5是一节有关幼儿社会教育活动的实录，同学们观看视频，结合本章节中的社会教育方法，分析该活动中老师运用了哪些方法。

微课2-5
你好，小学

●● 案例一　幼儿的社会教育活动目标与内容分析

　　下面的案例中提供了学习者三个不同年龄阶段有关爱妈妈的活动，学习者可以通过三个子案例，以及对三个子案例的分析了解幼儿社会教育的目标与内容因年龄阶段不同而呈现的不同差异。

活动目标：女神妈妈我爱你！[1]

　■　一、设计意图

　　妈妈，是孩子出生后看到的第一个人；妈妈是孩子伤心时寻找的第一个人；妈妈，是孩子生活中最重要的一个人！这么重要的一个人，我们对她说了多少我爱你呢？对妈妈的爱，我们是怎么样表达的呢？现在我们的家庭多是独生子女家庭，对于母亲给予的爱和照顾，大多数孩子认为是理所当然的。在母亲节来临之际，为了促进孩子与家长之间的亲子关系，引导幼儿感受到妈妈对自己浓浓的爱，从而让幼儿懂得感恩自己的妈妈，让幼儿在被爱中学会爱别人，并用适当的语言、行动等方式，把爱表达出来，我们以"爱"为主题与大、中、小三个年级组的幼儿开展母亲节系列活动。

　■　二、活动内容

活动名称1：超人妈妈，我爱您！（小班）

（一）活动目标

1. 通过观察、了解妈妈的辛苦，激发幼儿爱妈妈的感情。

2. 通过介绍自己的妈妈，加深对自己妈妈的感受及亲情的体验。

3. 感受妈妈对自己的爱，尝试用语言、行为等方法大胆表达对妈妈的爱。

（二）活动重点

通过对妈妈的介绍和观察，了解妈妈的辛苦，激发幼儿爱妈妈的感情。

1　天津市北辰区引河里幼儿园提供。

（三）活动难点

尝试用语言、行为等方法，大胆表达自己对妈妈的爱。

（四）活动准备

多媒体课件；妈妈孕育生命的动画视频；每个幼儿带来一张妈妈的照片；教师收集班级幼儿的妈妈照顾孩子、陪孩子玩的照片；情景表演所需要的道具。

（五）活动过程

1. 妈妈的肚子——我的第一个家

师：小朋友们，你们知道你们生活的第一个家在哪里吗？

师：让我们一起来看看它是什么样子的？

（观看妈妈孕育生命的动画视频）

师总结：妈妈的肚子里有一个地方——子宫，那是我们的第一个家，每一个小朋友都是在那里长大的。

（出示PPT中怀孕的妈妈和现在妈妈的照片对比图）

师：图片中的妈妈和现在的妈妈有什么不一样？

师总结：当我们慢慢在妈妈肚子里长大时，妈妈的肚子也越来越大，妈妈变得更加辛苦了！

2. 我有一个这样的妈妈

师：你们的妈妈是什么样的？你最喜欢妈妈什么？

（请幼儿拿着自己妈妈的照片，介绍一下自己的妈妈，重点从妈妈的长相、喜欢的事物、妈妈说话的声音、跟妈妈拥抱的感觉等方面来表达。）

师总结：原来你们的妈妈是这样的，每一个小朋友都非常爱自己的妈妈！

3. 我的妈妈是超人

师：看看照片，这是哪位小朋友的妈妈？她在做什么呢？

师：你觉得妈妈平时做的什么事情，最辛苦、最能干呢？

（出示PPT中教师收集的妈妈平时陪伴幼儿，或者妈妈做家务时的照片，引导幼儿重点描述妈妈的辛劳和能干。）

师总结：妈妈总是像超人一样伟大，她会唱动听的歌，会讲有趣的故事，会做好吃的饭菜，还能像大力士一样搬东西，还会在我生病的时候，抱着我们！

4. 超人妈妈，我爱您！

（师生同扮演，从角色游戏中，体会爱妈妈的感情，并学会表达爱的方式。）

（1）情景剧欣赏

教师A扮演妈妈，在洗衣服、做饭等。通过动作、表情、语言等，表现出妈妈的辛劳。教师B表演小宝宝，回到家看见妈妈在做家务，小宝宝对妈妈说"妈妈辛苦了"。

师：刚才的表演中，妈妈在做什么？妈妈累不累？宝宝对妈妈说了什么？你们还可以怎么表达对妈妈的爱呢？（鼓励幼儿不仅仅从语言上，还从行动上，表达对妈妈的感情。）

（2）情景剧表演

教师表演妈妈，幼儿表演宝宝。（情景为：妈妈干活很辛苦、妈妈下班回家、妈妈生病了等情景）。

引导幼儿从不同的场景中，学会表达对妈妈的爱，可以对妈妈说出来，可以拥抱妈妈，可以帮助妈妈干活，可以给妈妈送小礼物等。

师总结：原来，爱要大声说出来，爱要表现出来，小朋友们已经学会了这么多跟妈妈表达爱的方式，今天回家，就用你的方式，表达对妈妈的爱吧！

（六）活动延伸

1. 制作主题墙饰

可以引导幼儿将妈妈的照片贴在班级爱心墙上，师幼共同制作"爱妈妈"主题墙。

2. 延伸到美工区

在班级美工区中，投放红纸、贺卡纸、红丝带等多种材料，供幼儿在进入美工区时，为妈妈制作小礼物。

活动名称 Ⅱ：我是蛋妈妈（中班）

（一）活动目标

1. 通过一天的护蛋活动，交流照顾蛋宝宝的好办法。

2. 增强幼儿"爱"的体验，萌发责任感。

3. 感受妈妈对自己的关爱，增强对妈妈的情感体验。

（二）活动重点

讨论照顾和保护蛋宝宝的办法，感受照顾别人，萌发责任感。

（三）活动难点

增强幼儿"爱"的体验，由此感受妈妈对自己的关爱。

1. 物质准备

蛋宝宝，收集班级每位幼儿妈妈照顾幼儿或者保护幼儿的照片，制成PPT。

2. 经验准备

学习认识鸡蛋的生熟等基本知识。

（四）活动过程

1. 我是蛋妈妈——为蛋宝宝起名字

师：小朋友们，你们都有自己的名字，那我们一起来为你们自己的蛋宝宝起个名字吧？为什么要叫这个名字呢？（增加幼儿归属感，把鸡蛋看成自己的孩子。）

师总结：每个小朋友都有自己的名字，名字都是妈妈对你们的期望，我们为蛋宝宝起的名字也代表了对蛋宝宝的期望，希望蛋宝宝在小朋友们的呵护下，都能够平安哦！

2. 我是蛋妈妈——我是称职的蛋妈妈

师：今天你们都从早上开始进行了保护蛋宝宝的活动体验，现在咱们看看自己的蛋宝宝怎么样了（碎了，掉啦），哪位小朋友的蛋宝宝还在呢，说说你是怎样保护它的？

师：孩子们，你们的蛋宝宝是怎么破的呢？在什么地方破的呢？（幼儿交流讨论）

教师小结：蛋宝宝碰到地面、桌子、石头等硬的东西上，容易破。但是尽管这样，我发现有的小朋友的蛋宝宝保护得很好，没有破，咱们让他们来说一说他们是怎样保护的。

早上吃早饭时你是怎样保护它的？

你去卫生间的时候把蛋宝宝放在哪里了呢？

你去活动区游戏的时候又是怎样照顾她的？

咱们刚才户外活动时，你又是怎样爱护它的呢？

你在午睡时，你觉得把蛋宝宝放在哪里最安全？

师总结：能够小心呵护自己的蛋宝宝，保护自己的蛋宝宝不受伤的，就是我们今天最称职的蛋妈妈！

3. 我是蛋妈妈——蛋宝宝接力赛

五个小朋友一组，开展接力赛，接力的物品为鸡蛋，孩子们在保证速度的同时，要保证鸡蛋的安全，鸡蛋完好且速度最快的小组获胜。（在游戏中培养幼儿随时关注鸡蛋、轻拿轻放，感受对鸡蛋的呵护）

4. 我爱我的妈妈

观看PPT，感受妈妈对自己的关爱。

师：你的妈妈在为你做什么？看到妈妈为你做这么多事情，你有什么感受？你想为妈妈们做些什么？

（五）活动延伸

继续护蛋行动。每名幼儿拿一只生鸡蛋，选择合适的方法来保护蛋宝宝回家，直到晚上睡觉，第二天来分享体验，鼓励幼儿为照顾蛋宝宝而努力。

活动名称Ⅲ：送给女神的礼物（大班）

（一）活动目标

1. 了解妈妈的辛苦，体会妈妈对自己的爱。

2. 通过调查，从妈妈需求的角度表达自己爱妈妈的情感。

（二）活动重点

通过观察、调查、采访、谈话体会妈妈的辛苦。

（三）活动难点

了解妈妈的需求，根据妈妈的需求为妈妈准备节日礼物。

（四）活动准备

1. 经验准备

幼儿提前完成调查问卷，观察妈妈一天的劳动，了解妈妈最喜欢什么，最需要什么。

2. 物质准备

幼儿在家人的帮助下，收集妈妈的照片，亲子合作完成PPT；

丰富的美工区的材料；播放音乐《妈妈的吻》沙画《母亲》。

（五）活动过程

1. 沙画欣赏《母亲》

教师播放感人主题沙画视频《母亲》，调动幼儿对母亲的感情。

师：你们觉得这个视频讲的是谁的故事？

都发生了哪些故事？

看完这段视频，你有什么感受？

师总结：这个沙画描写了一位妈妈的一生，她的孩子慢慢长大，她也越来越衰老，在这过程中，她付出了全部的心血和爱。

2. 集体谈话，分享调查结果

师：这个周末是妈妈的节日——母亲节，我相信每位小朋友的妈妈都像刚才沙画中的妈妈一样，为你们付出了很多，你们都看到了妈妈的哪些辛苦？（播放幼儿捕捉的妈妈辛勤付出的瞬间，鼓励每位幼儿大胆表达自己的想法）

幼儿结合自己的观察、调查和照片，交流调查结果，通过幼儿之间的谈话，使幼儿了解妈妈生活、工作的忙碌与辛苦。

3. 女神的心思我来猜

师：你们都想怎么为自己的妈妈庆祝节日？

你们觉得妈妈最需要的是什么？

为什么妈妈最需要这样东西呢？

幼儿结合自己的调查问卷交流妈妈最需要什么，喜欢什么，介绍自己要送给妈妈什么礼物，为什么送这样的礼物。引导幼儿关心妈妈的需求和感受。（表2-14）

4. 我来DIY

幼儿按照调查的妈妈的需求和自己的想法设计制作自己的礼物，教师提供帮助、指导。教师帮助幼儿把自己的祝福和想对妈妈说的话记录在作品上或小卡片上。

5. 爱的礼物送给您

活动当天，邀请妈妈们来园接孩子。小朋友们亲手将自己制作的礼物送给妈妈，向妈妈说出自己的心里话，给妈妈送上节日的祝福。

（六）活动延伸

1. 在图书区投放《爱心树》，体会妈妈伟大无私的爱。

2. 结合母亲节开展"夸夸我的好妈妈""妈妈的辛苦我知道""我帮妈妈做事情"等主题活动。

3. 请爸爸协助设计亲子游戏或为妈妈表演节目，表达对妈妈的爱。

● 表2-14 妈妈调查表

姓名：　　　　　班级：　　　　　日期：　　　年　　月　　日

妈妈的姓名		妈妈的职业 （幼儿绘画）	
妈妈的生日	年　　月　　日		
妈妈的生肖 （幼儿绘画）		妈妈最爱吃的 （幼儿绘画）	
妈妈最喜 欢的礼物 （妈妈绘画）			
我给妈妈准备（设计）的礼物			
幼儿记录：			
家长的记录：			
备注：请小朋友们与妈妈进行谈话，并通过简单的文字、数字、绘画的形式记录妈妈的基本信息和需求			

图 2-2 校园手绘地图

☐ 三、评价与分析

"爱的教育"是社会领域课程中不可缺少的一环，社会性情感是人们对社会生活中客观事物的态度体验，具有积极社会性情感的人，会不断地完善真善美的人格，更乐观、进取，更具有积极的社会行为。

（一）内容的选择

母爱是伴随人一生的重要情感之一。根据每个不同年龄段幼儿的特点，从感受妈妈的爱，到表达对妈妈的爱，情到浓处，用适当的方式将心中的爱表达出来，让幼儿在被爱中学会爱别人。

（二）目标的制定

1. 小班幼儿以感受爱为主，感受父母可见、明显的爱的行为，学习简单的感谢语言和行为。

2. 中班幼儿以体验为主，从照顾蛋宝宝的具体行为，感受父母对自己平时的呵护和付出。

3. 大班幼儿以观察和表达为主，了解父母为自己和家庭付出的辛劳，对父母有感恩的心，对家庭有责任感，通过细致观察父母的行为，了解父母的需求，从父母需求的角度，制作并送出爱的礼物。

（三）课程的实施

遵从幼儿的年龄特点，开展适合不同年龄段幼儿的活动。从游戏中进行体验，从体验中获得经验，从经验中提升表达，将母爱这种平时萦绕在我们周围却又容易被忽略的情感，在教育活动中，具体形象地呈现在孩子们心里，并鼓励孩子们大胆地用语言和行动表达出来。

●● 案例二：用观察访问法手绘地图

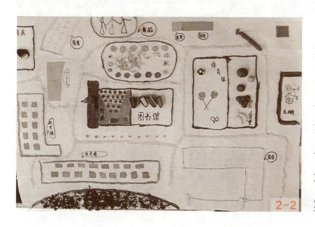

图 2-2 呈现的是某学前专业的学生完成的自己学校的校园地图。这个校园地图的制作训练学生在学习中掌握手工技能，把自己的生活与学校的校园用浮雕式的方式完成。作品中，图书馆的书是用无纺布做出来的，花朵是真实的花朵贴上去的，树木的品种是和校园中实际的桃树、杏树等一一对应的。同时

图2-3 学生自制图书

教学楼的窗户都是学生亲自数出来的。

图中每一个建筑和道路之间的方位和空间距离是学生用自己的脚步实际观察测量出来的。作品看似简单粗糙，却是学生对周围环境的真实观察、测量得出的。在此作品的制作过程中，学习者体验了幼儿社会教育中的亲身感知与体验，亲自操作的学习方法，掌握了观察访问法的基本要领。打开前面46页的微课2-3可以了解这张手绘地图的完成过程以及制作者的收获和体会，你会进一步了解手绘地图的社会教育价值。

●● 案例三：用实践练习法自制图书

本案例，让学习者结合社会性发展的内容——自我意识，通过自制图书的方式，在内容上展示自我的兴趣、爱好与生活成长，从中树立恰当的自信心。并通过制作图书（见前面46页的微课2-4），了解图书产生的过程、书的形式与内容、书的结构等，增加学习者对图书的兴趣，也是帮助学习者了解如何让幼儿喜欢读书，学会读书的教学示范。自制图书使学习者在制作图书的过程中，掌握如何指导幼儿认识图书、制作图书、喜欢图书等环节。为以后幼儿社会教育活动的开展奠定相关的经验做准备。图2-3就是学生的自制图书。

●● 案例四：社会文化与讲解演示法

微课2-6
天津文化

本案例是学生在学习社会教育内容中小组共同完成的一次有关家乡文化的展示与介绍。通过本活动让学习者在小组合作中完成对家乡文化素材的收集、整理以及讲解演示，增加学生对家乡文化的了解。

本案例的PPT详见微课2-6，其制作有一定的情境设置，以邀你做客的语气来设定

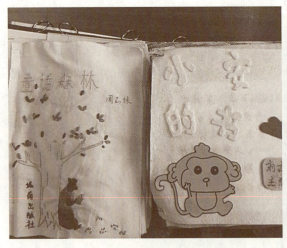

PPT的呈现思路，有一定的趣味性和天津地方的文化特点。在讲解演示过程中要有与听众的互动与分享。

●● 案例五：幼儿社会教育方法综合运用

本案例是幼儿园老师组织的一次具体社会教育活动，通过分析本次社会教育活动中多种教育方法的运用（详见表2-15），我们可以了解到教师在教育活动中运用了讲解演示、讨论分享和实践练习等多种社会教育方法。

● 表2-15 "多种社会教育方法的运用"记录表

活动名称：逃家小兔

班级：　　　　　　　　　　记录人：

活动顺序	活动环节记录	活动方法	分析
导入	如果宝宝要离开家，妈妈会怎么办？	情境导入	能从幼儿的生活经验出发提出问题，导入活动的内容
环节1	教师讲述：绘本《逃家小兔》	讲解演示	结合绘本图片进行故事讲述，有助于集中幼儿注意力
环节2	教师提问：故事中兔妈妈为什么一次又一次把逃家的小兔找回来呢？ 幼儿：兔妈妈喜欢小兔 　　　不找小兔就会丢了 　　　兔妈妈爱小兔 教师提问：兔妈妈是怎样爱小兔的？ 教师结合图片让幼儿了解兔妈妈是如何用各种方式找到小兔的	谈话问答	幼儿能在教师的讲解后理解故事的内容 教师的问题比较具体，明了，有效，适合小班的幼儿
环节3	教师提问：妈妈爱你吗？怎样爱？ 幼儿：亲亲、抱抱、讲故事等 教师提问：你爱妈妈吗？怎样爱？ 把对妈妈的爱画出来吧	讨论分享 实践练习	能感受到妈妈对自己的爱，幼儿能说出妈妈爱自己的方式。幼儿用绘画的活动方式表达自己对妈妈的爱。有助于强化幼儿对妈妈的爱，同时也让幼儿学会表达情感的方式
小结	通过《逃家小兔》的故事，引发幼儿对妈妈的爱的情感体验，同时通过讨论与分享，绘画表达，进一步强化幼儿与家人的爱		

本微课2-7是通过《逃家小兔》绘本的讲解与演示让幼儿学习妈妈对小兔的爱的内容，通过图片与视频的展示，结合教师生动的讲解，在教师与幼儿的问答交流分享中，通过让幼儿在观察了解故事中兔妈妈对小兔的爱，引导表达分享幼儿生活中妈妈对自己的爱，从而发展幼儿对家人的社会认知与情感，同时在操作实践中学习表达对妈妈的爱。

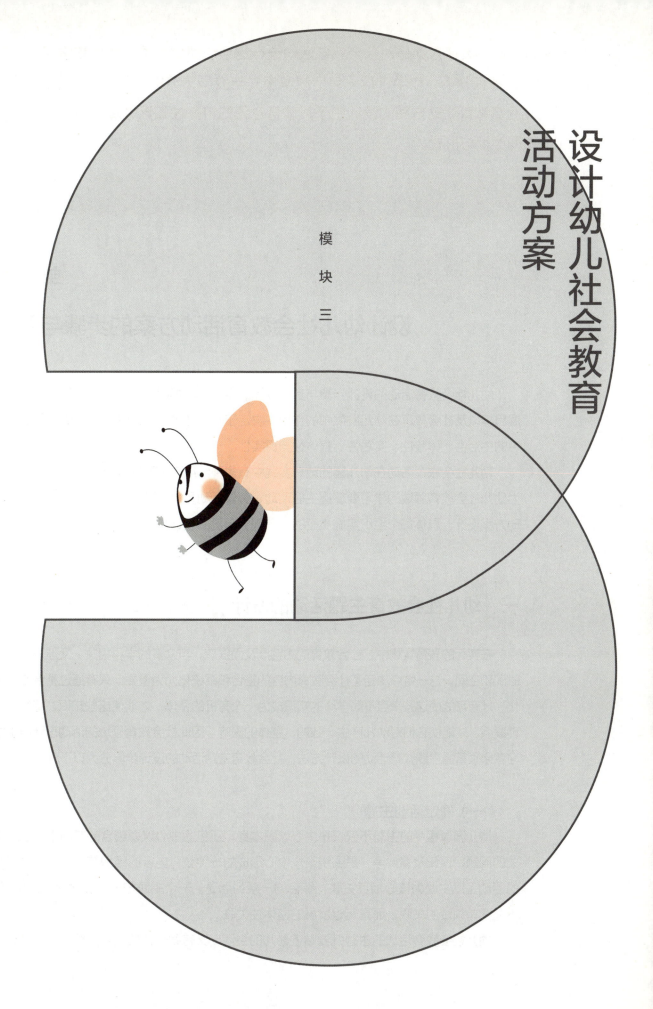

模块
三

设计幼儿社会教育
活动方案

一般来讲，教学设计方案是对整个教学活动进行的系统规划，通常包括教学目标、教学内容、学习者特征分析、教学过程（包括教学模式与教学策略的选择）、教学评价等的设计。而幼儿社会教育活动方案的设计由于其教育对象的特殊性和该领域的特点，因而有着本领域的不同类型与形式。

单元一
设计幼儿社会教育活动方案的步骤与要求

幼儿社会教育活动的设计步骤与其他领域的设计基本相同，不同的是幼儿社会性的发展目标以及社会教育在幼儿发展中的作用，决定了幼儿社会教育活动的设计要体现幼儿学习的生活性、体验性、实践性、整体性与真实性。

幼儿社会教育活动在幼儿园的教育实践中有多种组织实施的途径与形式，因此我们认为幼儿社会教育领域的学习要掌握主题活动、集体活动和角色游戏活动三种不同类型的活动方案设计。具体每个组织实施类型的活动都有自己的设计步骤，具体如下：

一、幼儿社会教育主题活动的设计

在实际的教育实践中，社会教育的内容涉及面很广，与众多的学科相关，又涉及广泛的时间和空间。这一特点决定了社会教育内容的整合和系统化尤为重要。只有通过整合和系统化，才有可能使这些来自不同学科的知识成为一个有机的整体，才能使这些知识之间产生多种联系，才能使它们对幼儿产生一致的、整体的影响。因此社会教育领域的活动设计要求学习者必须掌握主题教育活动的设计方法。社会教育主题活动的设计步骤分为以下几个方面。

（一）确定活动主题

幼儿园课程中的主题不仅仅是中心议题本身，还包括中心议题蕴含的或与中心议题相关的问题、现象及事件等，是围绕某个中心形成的一种教育内容的组织结构。以主题展开的活动是以主题为核心相互关联、综合的一系列活动。一个主题与一个主题之间的关联，不是简单领域的关联，而是儿童发展的整体性关联。

幼儿社会教育活动的主题既要贴近幼儿的生活，又有助于拓展幼儿的经验，注重综合性、趣味性，寓教育于生活、游戏之中，让幼儿在自己的生活世界里学习、探索，从而真正度过快乐而有意义的童年，让生命得以健康成长。活动主题确定后，根据幼儿的年龄特点确定一个有趣的适合该年龄班的名称。幼儿社会教育主题活动要交代清楚主题的来源与意图。

（二）确定主题活动目标

主题活动目标的确定是活动设计的首要环节，它将影响整个教育活动的方向，对教师在社会教育活动中的言语行为起着指引作用，也对活动结束后的反思与评价起着指导作用。

主题活动的目标相对来讲比较宏观一些。因为这些目标不是一次活动能够完成的，它是一系列活动的总目标。但仍然要以幼儿的现有发展水平为立足点来确定目标，活动目标在书面表达上应注意以下几点：

1. 目标表述要简明、清楚，活动目标的重点应放在幼儿社会情感与态度的发展上，要用动宾词描述幼儿在活动前后的变化。

2. 目标的表述方式要统一，目标的主体最好是幼儿。

（三）架构主题系列活动网络

活动目标确定后，要考虑组成主题的系列活动具体有哪些，主要内容是什么，每个活动有助于达到哪些主题目标。如果总目标中的某些条目没有对应的活动，就必须考虑增加相应的内容。教师在实际操作中应当注意的问题如下：一是活动内容的选择一定要紧紧地围绕着活动的目标，因为活动内容是实现活动目标的手段；二是活动内容选择要贴近幼儿的生活，根据幼儿社会性发展的已有水平以及存在的问题选择活动内容。所以主题活动网络是由教师的预设与师生互动后的生成活动共同完成的。如图3-1所示主题网络形成过程是由主题的内涵中的不同的概念做初步的预设，然后再根据本园的条件、资源和本班幼儿的兴趣和需要完成各种具体的活动。

（四）各种教育资源的利用

主题系列活动网络确定后，就要考虑如何因地制宜地利用周围的各种资源来开展幼儿社会教育活动。这些社会教育资源包括家庭、社区、室内外环境创设等。应取得家长的配合与支持，利用好社区资源，而且幼儿园内或本班活动室的环境布置应与当时的教学内容一致，以提高教育效果。

（五）主题下社会教育活动方案设计

主题下的系列教育活动会有多种形式。有集体教育活动，也有分组、个人的区域探

图 3-1 主题网络

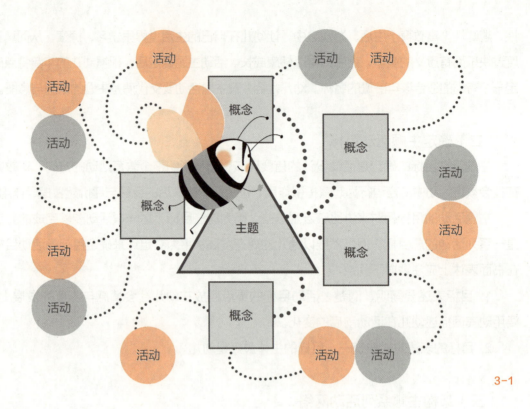

3-1

究，更有一日生活中的随机教育和环境中其他领域的渗透。

　　幼儿社会教育活动方案与其他领域教育活动设计方案一样，一般都包括活动名称、活动目标、活动前的准备、活动过程和活动延伸五大部分。但是，在幼儿社会教育活动设计时，应该注意突出以下两个特点：一是在活动目标上，应注意从幼儿实际生活出发，从幼儿实际需要出发，做到学以致用；二是在活动过程中，注重行为的模仿和练习的巩固，多采用情境化教学和实践性练习。

　　社会教育主题活动的设计对于在校学生来讲还是比较难的学习内容，如果学习者学有余力，就请打开微课3-1的视频，通过老师的进一步讲解会帮助大家掌握社会教育主题活动中主题网络的设计。

微课 3-1
设计主题网络

二、幼儿社会教育集体活动的设计

（一）活动名称

　　活动名称就是一次教育活动的名字。活动名称一定要符合幼儿的认知水平和特点，新颖有趣。

（二）活动意图

活动意图就是为什么要设计这个活动。扼要阐述活动设计主题、内容、选材、生成的背景，以及对整个教学活动设计的思路等。

（三）活动目标

活动目标是一次教育活动所要达到的目的。活动目标的内容应包括获得社会认知和行为方式（知识维度）、形成积极的社会情感（情感维度）、提高适应和参与社会生活的能力（能力维度）三个大方面。

设计时具体活动的目标应该与该主题目标相一致。注意目标的连续性和一致性以及与其他领域发展目标的联系。将目标指导教育过程的意识贯穿于整个幼儿园的各种活动中，使社会领域的教育目标渗透到其他活动中，充分发挥社会教育活动的整体教育作用。

（四）活动准备

活动准备包括物质方面的准备和知识经验方面的准备。物质方面的准备包括教具的准备、环境的布置与创设、幼儿操作材料的准备等，如多媒体设备、挂图、音像资料等；知识、经验方面的准备包括对教育活动内容的相关经验的准备等。

（五）活动过程

活动过程一般包括导入部分、展开部分、结束部分和活动延伸四个环节。

1. 导入部分

活动的导入部分一般为了吸引幼儿的注意力，抓住幼儿的兴趣点，营造良好的活动氛围。导入部分虽然时间很短，但是却直接关系到幼儿是否对活动感兴趣、是否愿意积极参与到活动中去。一般来说，活动的导入部分有这样一些常见的形式：

（1）设疑开始，如猜一猜。疑问可以由教师直接提出，也可用谜语、儿歌等形式间接提出。

（2）图示开始，如看一看。教师可以利用彩图、标本或多媒体课件来导出活动，若是能出示实物或模型，就更加形象具体了。

（3）故事开始，如听一听。让幼儿听一段短小的故事，启发思考，联想到活动的主题并自然导入活动。

（4）情境表演，如看一看。创设一定的情境或利用情境来进行模拟表演，把幼儿带到教育活动中。

（5）游戏开始，如玩一玩。通过一个简单有趣的游戏，由其中渗透的社会教育内容而引入正式活动。

导入部分的注意事项：

第一，对于幼儿较为陌生的社会事物，教师应以生动鲜活的社会现象导入，以图片或视频等多媒体手段将幼儿引入特定的社会教育情境，引导幼儿进行观察和思考，从而激发学习兴趣。

第二，对于幼儿较为熟悉的社会事物，或由幼儿自主引发的非常感兴趣的话题或活动，教师则可以通过简单的语言引导，直接导入活动主题，开始活动过程。

2. 展开部分

活动的展开部分是整个教育活动的主体环节，也是社会教育活动的核心部分，它承载着整个教育活动目标的展开与实现。这一部分的核心任务是教师要以多种形式吸引幼儿参与活动并深入活动，调动幼儿的各种感官，积极动脑、动口和动手，让幼儿成为活动的真正主角。

在活动方案的书写中要着重写出以下几点：如何引导幼儿积极主动地参与到活动中，如何具体落实活动的目标，发展幼儿相应的社会行为技能。展开部分通常可以采用"想一想，议一议，做一做，说一说"四个阶段进行：

第一阶段，教师面向全体幼儿，综合运用讲解、演示、游戏等多种方式，启发幼儿思考；（想一想）

第二阶段，在教师引导下，幼儿通过小组讨论发现问题，寻找规律，商讨解决问题的办法，在教师的引导下让幼儿进行个别发言；（议一议）

第三阶段，在教师的组织下，提供一定的生活场景，让幼儿进行实践练习，掌握实际的社会性技能技巧；（做一做）

第四阶段，教师在幼儿实践操作，亲身感知与体验后，组织幼儿进行活动后的分享。分享时可以让幼儿展示自己的作品，表达自己的感受，也可以提出自己的疑问等等。（说一说）

展开部分的设计要注意选择恰当的方法与途径，因为不同的教育内容所适合的教育方法是不同的。

3. 结束部分

活动的结束部分教师应注意引导幼儿对活动中获得的经验进行归纳，分享情感体验，深化活动的效果，教师和幼儿共同对活动进行小结。具体结束形式可以是语言总结、作品展示、教师布置任务等。

4. 活动延伸

活动延伸是教育活动的继续，也是幼儿学习进一步强化巩固的重要环节。

活动延伸常常是幼儿园老师或在校的本专业学生在教学活动设计与实施中容易忽视的环节，下面的微课可以帮助学习者进一步了解活动延伸的重要性和具体设计方法，如有需要请打开微课进一步了解。

微课 3-2
活动延伸

三、角色游戏活动的设计

角色游戏可以帮助幼儿了解人际关系。通过不同角色身份学习扮演适当的行为方式，发展幼儿的社会性，帮助幼儿学习友好交往的技能，如轮流、分享、协商、互助、合作等。培养幼儿大胆表达个人意愿、情感、见解，能相互沟通，发展语言交流能力，实践和尝试幼儿自己寻找解决问题的方法。学习适度表达个人情绪，了解他人情感的能力。能自我控制，调整与伙伴间的相互行为关系。

角色游戏的设计主要分为以下几个步骤：

（一）角色游戏活动内容的确定

角色游戏主题应从幼儿的生活中来，要求是幼儿熟悉、了解和接触过的或是感兴趣的。也可以结合平时的教育教学活动组织幼儿参观、游览，从中产生新的主题。幼儿最熟悉的地方是家庭，最先接触和了解的劳动就是家务活。因此，无论是在哪个年龄班，娃娃家都是角色游戏的中心主题。并由此扩展出以反映社会生活为主题的活动，例如"照相馆"，让孩子们体验摄影师和模特的职业；"美食城"，根据北京的特色小吃，孩子们制作了火锅和各种北京小吃；"小茶室"，孩子们在茶香中了解茶文化；"美发屋"，进行美发师和顾客的角色扮演，体验美发师职业。

小班的角色游戏区的主题以家庭生活为主。到了中班，角色游戏区就出现了以反映社会生活为主题的活动。大班的角色游戏区的主题则更加的丰富多样。

（二）角色游戏材料的提供

通过投放适宜性游戏材料，鼓励幼儿自主选择，促进幼儿自主发展。

1. 娃娃家投放的材料

家具，如床、小型桌椅等；娃娃、娃娃用品，如服装、奶瓶、饰物、梳子、毛巾等；家用电器，如电视机、电冰箱、钟表、电话等；厨房用具，如炉灶、锅、碗、铲、勺、碟、壶、杯子、筷子；食物，如蔬菜、食品、水果等。

2. 医院角色区投放的材料

主要材料有白大褂、医生帽、护士帽、处方单、病历本、听诊器、体温表、药品、注射器等。

3. 超市角色区投放的材料

主要材料有柜台、置物架，各种食品、日常用品的包装盒，收银机，钱币等。

4. 银行角色区投放的材料

柜台，各种面值的钱币（卡片）、取款单、存折以及相应的标志等。

（三）场地的设置

角色游戏适宜与积木区相邻。"娃娃家"是一个常设的区角，因此它的位置应相对固定。其他的角色游戏区角则应设在与之相邻或相近的地方。

（四）指导要点

对角色区的指导，应通过创设体现一定教育意图的游戏环境，间接影响幼儿的行为，激发其对周围事物的兴趣，积极投入游戏；同时要通过直接参与游戏过程，具体指导幼儿的游戏，引导其深入，不断提高行为质量和活动水平，通过游戏促进幼儿身心全面和谐发展。

单元二
设计幼儿社会教育活动方案的实训

●● 任务一　设计社会教育主题活动方案

■ 一、实训目的

本任务是通过学习者在了解了社会教育活动主题设计的基本要求后，学会幼儿社会教育主题活动的设计步骤。

□ 二、实训过程

（一）形式

小组合作完成。

（二）内容与要求

观摩与分析他人的社会教育主题活动方案设计。仿写一个社会教育主题活动方案设计。

（三）完成时间

1周。

□ 三、实训材料

社会教育主题活动方案的基本格式如下：

社会教育主题活动名称：（年龄班）

设计教师：

主题的来源

主题的目标（关键经验）

主题的网络

教育资源的利用

主题下系列教育活动设计（任选2个，典型的社会教育活动）

□ 四、实训地点

学校教室。

□ 五、实训考核

社会教育主题活动的设计方案要求环节完整、目标适宜、内容符合指定的年龄班幼儿的水平，能结合幼儿的生活实践，运用多种教育资源，方案具有一定的可行性和操作性。

●● 任务二　设计社会教育集体活动方案

□ 一、实训目的

设计一个有关"自我意识""人际交往""社会环境""社会规范""社会文化"社会教育内容的集体教育活动教案，具体活动主题任选。小、中、大年龄班也任选。

□ 二、实训过程

（一）形式

个人独立完成。

（二）内容与要求

观摩与分析他人的集体教育活动方案设计。仿写上面主题活动中的一个社会教育集体活动设计方案。

（三）完成时间

1周。

■ 三、实训材料

集体教育活动教案的基本格式如下：

集体教育活动名称：（年龄班）

设计教师：

　　活动意图

　　活动目标

　　活动准备：经验准备、物质准备

　　活动过程

　　活动延伸与扩展

■ 四、实训地点

学校教室。

■ 五、实训考核

集体教育活动方案，要求环节完整、目标适宜、内容符合指定的年龄班幼儿的水平，能结合幼儿的生活实践，准备充分，方案具有一定的可行性和操作性。

●● 任务三　设计角色游戏活动方案

■ 一、实训目的

通过对幼儿常见的角色游戏的设计，深化对角色游戏在幼儿发展中的价值认识，明确角色游戏的准备、场地的安排以及指导策略。

■ 二、实训过程

（一）形式

个人独立完成。

（二）内容与要求

任选一个幼儿园常见的角色游戏，完成一个主题角色游戏设计。

（三）完成时间

1周。

■ 三、实训材料

角色游戏活动设计的基本格式如下：

××××角色游戏活动名称（年龄班）

设计教师：

1. 活动目的

2. 活动材料与投放

3. 环境布置

4. 指导要点

四、实训地点

学校教室。

五、实训考核

角色游戏区设计方案要求环节完整、目标适宜、材料丰富、有针对性，环境布置有助于幼儿开展活动。

单元三

实训案例

●● 案例一　幼儿社会教育主题活动设计

主题名称：我是中班小朋友

一、主题的来源

新的学期到了，原小班幼儿都升中班了，幼儿的心理上有了很大的变化，他们对自己当上中班的哥哥姐姐感到高兴，觉得自己长大了，幼儿都迫切希望自己要更努力地学习本领，要做弟弟妹妹的榜样。本主题通过"我的班级""我的变化""我的新本领""我的好朋友"等系列活动，在看看、说说、做做等活动中，让幼儿学会发现自己及周围的变化，尝试体会自我服务和为集体服务的乐趣，增强自信心，体验成长的快乐，萌发初步的责任意识，感受升班带来的自豪和喜悦。

图 3-2 活动网络图

■ 二、主题网络

"我是中班小朋友"主题网络图 3-2 的形成是在教师设定的基本架构——"我的班级""我的变化""我的好朋友"和"我的新本领"基础上,在活动的开展过程中,根据幼儿的兴趣与需要,同时经过教师的专业判断而形成的活动网络图。图 3-2 呈现了该主题下的一系列活动。

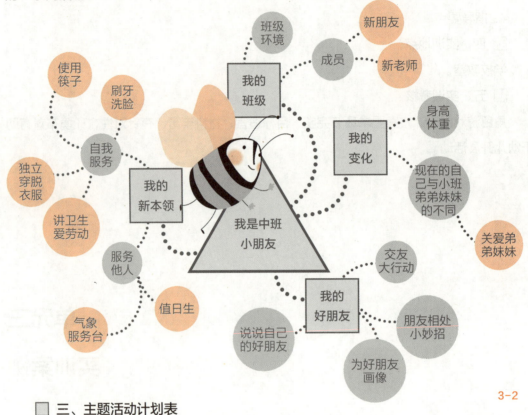

3-2

■ 三、主题活动计划表

表 3-1 是"我是中班小朋友"主题活动计划表。

● 表3-1 主题活动计划表（预期完成时间：4周）

主题目标	1. 认识了解新班级,知道自己升入中班了,能为集体环境创设出主意 2. 认识班里的新老师和新朋友,并能运用绘画的方式表达对新老师和新朋友的友好之情 3. 能够运用简单的测量方法发现自己身高体重的变化并简单记录 4. 能够通过与弟弟妹妹一起游戏,发现自己与弟弟妹妹能力上的变化,萌发关心照顾弟弟妹妹的情感 5. 知道自己的事情自己做,乐于为集体服务,不怕困难,体验劳动的快乐 6. 能够介绍自己的好朋友,体验有朋友才快乐的幸福感 7. 喜欢与他人交流,学会商量、分享,尝试解决同伴间的冲突 8. 学习交朋友的一些基本方法,树立同伴合作的意识

环境创设	主题墙： 1. 布置"班级新环境"和"班级新成员"，将幼儿发现的新环境、新活动区、新朋友及新老师以照片形式呈现 2. 布置"我的变化"墙饰，将幼儿小时候、现在的照片对比贴上，让幼儿观察体验自己长大了。将每个小朋友刚上小班的身高、体重做一个形象直观的统计图，再将幼儿自己测量的现在的身高在统计图上做标记，让幼儿对比发现自己的变化 3. 布置"我的新本领"墙饰，将幼儿的新本领以照片的方式张贴出来 4. 布置"我是值日生"墙饰，将值日生的8项工作以图片的形式呈现 5. 布置"小小气象台"墙饰，将常见天气符号张贴出来供幼儿认识 6. 布置"我的好朋友"墙饰，将幼儿给好朋友的画像张贴出来 7. 将幼儿与好朋友手拉手绘画张贴出来 活动区： 1. 美工区将幼儿装饰的自己的相框做成照片墙，供幼儿观察、欣赏、交流 2. 图书区投放幼儿小时候的相册，供幼儿欣赏交流，感受自己长大了 3. 科学区投放卷尺、体重秤、记录表，幼儿通过简单的测量和记录，发现自己的变化 4. 认知区投放幼儿小时候的照片和现在的照片，让幼儿猜测、对应
家园共育	1. 多与幼儿交谈，鼓励其讲述自己升入中班的各种快乐、有趣或有意义的事 2. 请家长帮忙带卷尺、体重秤，投放科学区 3. 为幼儿提供与年龄小的同伴相处的机会，启发幼儿主动为弟弟妹妹做些力所能及的事情 4. 鼓励幼儿在家里自己的事情自己做，注意培养幼儿良好的生活卫生习惯，产生长大了的自豪感 5. 请家长帮忙记住并提醒幼儿是星期几的值日生，早早来园，为小朋友服务，增强为他人服务的意识 6. 请家长带孩子看中央电视台的天气预报节目，了解并认识不同的天气符号代表不同的意义

课程设计重点	序号	时间	活动名称	重点领域	备注说明
环境变化	1	9.15	我们的新班级	社会	教师已布置部分新环境及新活动区
	2	9.16	我升中班了	社会	小班幼儿在园生活场景照片或视频
	3	9.17	名字的故事	语言	了解自己的名字的写法、含义和取名字的小故事，请家长协助制作名字卡片

课程设计重点	序号	时间	活动名称	重点领域	备注说明
环境变化	4	9.18	我是中班小朋友	音乐	
	5	9.19	做遵守规则的孩子	社会	观察生活中会出现争抢玩具的活动内容
班级新成员	6	9.22	我的新朋友	社会	名片、与邻班老师沟通协助
	7	9.23	我们都是好朋友	美术	
	8	9.24	跟着老师走走	音乐	
	9	9.25	手拉手	美术	
	10	9.26	我不愿意孤独	语言	
我的变化	11	9.28	我长高了	健康	幼儿裤子（小的）
	12	9.29	高高矮矮	科学	
	13	9.30	我的变化	科学	小时候的衣服、鞋帽、婴幼儿时期的照片
	14	10.8	关心弟弟妹妹	社会	和小班联系做好相关准备
	15	10.9	胖和瘦	健康	
我的新本领	16	10.10	别说我小	语言	
	17	10.11	有趣的筷子	健康	
	18	10.13	洗手擦脸	音乐	
	19	10.14	了不起的保育员	社会	
	20	10.15	今天我是值日生	社会	

●● 案例二　集体社会教育活动设计

　　下面的集体社会教育活动是上面主题教育系列活动中的一部分活动设计。我们选择了三个活动供学习者参考。

活动 I：我们的新班级

■ 一、活动目标

1. 感受中班教室布置的氛围。
2. 知道自己是中班小朋友，为升班感到自豪。
3. 能说出教室里哪里不一样了。

■ 二、活动准备

1. 经验准备

暑假结束后知道自己要升中班了。

2. 材料准备

教师将教室做改动，每个活动区和墙饰功能有所提升。

■ 三、活动过程

1. 导入

教师与幼儿谈话，讲讲暑假里发生了哪些事情，引起幼儿谈话的兴趣。

2. 过程

（1）请幼儿观察班级里哪里变化了？（提问："咱们班哪里变得不一样了？原来是什么样子的？为什么变成这样了？"）

（2）教师为幼儿介绍每个区域的不同，和增加的内容，让幼儿有自豪感。

（3）请幼儿尝试区域的不同之处。

（4）介绍幼儿需要参与的环境，激发幼儿参与活动的兴趣。

（5）教师带领幼儿参观户外的环境。

■ 四、活动延伸

　　活动中，孩子们都兴奋极了。他们开心地观察着新班级的情况。彤彤、格格等几个小朋友开始把新班级和以前的班级做比较。教师也详细地为大家介绍班级环境，告诉小朋友升入中班应该掌握的本领。激发孩子们的积极性。孩子们看着区域的新玩具都跃跃欲试。教师介绍玩法，为以后的区域活动做好铺垫。

图3-3 班级公约墙

活动Ⅱ：我升中班了

一、活动目标

1. 知道自己长大了，升入中班了，有做中班小朋友的自豪感。

2. 愿意在各方面对自己有要求，给弟弟妹妹做榜样。

二、活动准备

带领幼儿观看小班幼儿在园生活场景照片或视频。

三、活动过程

1. 看看、说说

（1）引导幼儿看看、说说现在的班级与以前的班级有什么不一样？

（2）讨论：你是哪个班的小朋友？你是怎么知道的？

（3）启发幼儿观察班级内的桌椅、玩具、图书与小班时有什么不同，先让幼儿自由观察、交流，然后由教师对回答进行简要总结，并给幼儿介绍各个区域的名称。

2. 讨论：如何做中班小朋友

（1）你们是中班的小哥哥，小姐姐，感到怎么样？怎样做才能像一个中班的小朋友呢？

（2）引导幼儿讨论，制定班级规则。

（3）小结：我们现在长大了，升中班了，每件事都要比以前做得更好。给弟弟妹妹做榜样，让自己真正像一个中班的小朋友。

3. 启发幼儿想想

中班小朋友除了遵守班级规则以外，还应该做到哪些？引导幼儿从有礼貌、爱劳动、关心同伴等方面讲述。

4. 活动后形成班级公约（图3-3）

全班幼儿集体讨论商议后形成了班级公约，幼儿用绘画的方式画出来了。

四、活动延伸

小朋友已经感受到"我升中班了"，那么除了要遵守中班基本的活动规则之外，还应该做到的一些事，循序渐进地进行引导。在讨论的活动中，知道自己长大了，要更加听话、懂事了。对于从小班升入中班的小朋友，比较容易接受各区域的名称和活动规则的转变，但是一些新生还是不太能接受有规则的活动，需要教师多次提醒。需要在后面的教育活动中有意识地增加相关的活动内容。

活动 Ⅲ：名字的故事

☐ 一、活动目标

1. 大胆地交流关于姓名的由来，讲出自己名字的独特性和含义。

2. 感受中国姓氏的丰富，知道我们的国家是多民族，各民族人民的名字各不相同，有自己的特点。

3. 知道《百家姓》是讲姓氏起源的书。

☐ 二、活动准备

1. 经验准备

请幼儿向家长询问，了解自己名字的写法、含义和取名字的小故事。

2. 材料准备

《百家姓》图书、名字的故事树。

☐ 三、活动过程

1. 寻找名字的秘密

（1）出示写有幼儿名字的故事树，激发幼儿学习的兴趣。

（2）幼儿到故事树上找出自己的名字（学习用"这是我的名字，我叫某某某"的句子响亮、神气地表达）。

2. 寻找姓的秘密

（1）认识了解名字中的第一个字，知道这就是姓。

（2）引导幼儿了解姓的由来。

（3）让幼儿说出自己知道的其他姓氏（幼儿举例，教师在黑板上记录）。以擂台赛的方式进行讲述，以激起幼儿参与活动的兴趣。

（4）教师总结：我们中国的地方可大啦！一共有十几亿的人口，所以有好多的姓，那么多的姓我们就叫它百家姓（出示《百家姓》的图书），鼓励小朋友和父母一起了解百家姓。

3. 说说我的名字的故事

（1）教师提问：你们的姓是跟随爸爸妈妈的，不是随便起的，那你们的名字是怎么来的，有什么小秘密吗？

（2）幼儿两两结伴交流讲述自己名字的故事。

（3）请个别幼儿在集体面前讲述自己名字的故事。

☐ 四、活动延伸

小朋友回家和爸爸妈妈一起找一找和自己同姓的了不起的中国人有哪些，然后再和小朋友一起分享。

图 3-4 小吃店环境 1　　　　　　　　图 3-5 小吃店环境 2

●● 案例三　角色游戏的设计

"小吃店"角色游戏（大班）

■ 一、活动目标

1. 幼儿在与小吃店中的工作人员交流时能运用语言进行角色间的交往。

2. 会使用"欢迎光临""谢谢您""欢迎下次再来"等礼貌用语。

■ 二、活动准备

1. 知识准备

与爸爸妈妈一起到"饭店"参观、品尝，并重点观察、记录厨师、招待员、迎宾员、收银员之间的语言交流。

2. 材料准备

围裙、袖套、帽子等，各种"食品"。

■ 三、环境创设

教师与幼儿把收集到的材料，创设出如图 3-4 和图 3-5 的环境。

■ 四、指导要点

1. 幼儿讨论

（1）上次游戏中小吃店的厨师、招待员事情不多，为什么？

顾客太少。引导娃娃家的"爸爸妈妈"可以带娃娃到小吃店吃小吃；"哥哥姐姐"也能到小吃店去品尝小吃。

（2）有顾客到小吃店品尝小吃，迎宾员、招待员应该怎样跟顾客说话？

2. 提出本次游戏的注意点

（1）娃娃家的爸爸妈妈要常到小吃店品尝小吃。

（2）迎宾员、招待员会使用"欢迎光临""谢谢您"等礼貌用语进行游戏交往。

（3）能合理运用游戏材料，并在游戏中适时使用。

3. 幼儿游戏，教师指导

（1）观察并鼓励娃娃家的爸爸妈妈能与其他游戏进行角色交流。

（2）教师以经理身份对幼儿的游戏行为进行适当的调整。

（3）重点观察、指导小吃店里各角色之间的互动。

4. 游戏分享

你在小吃店和娃娃家里做了什么？你开心吗，为什么？

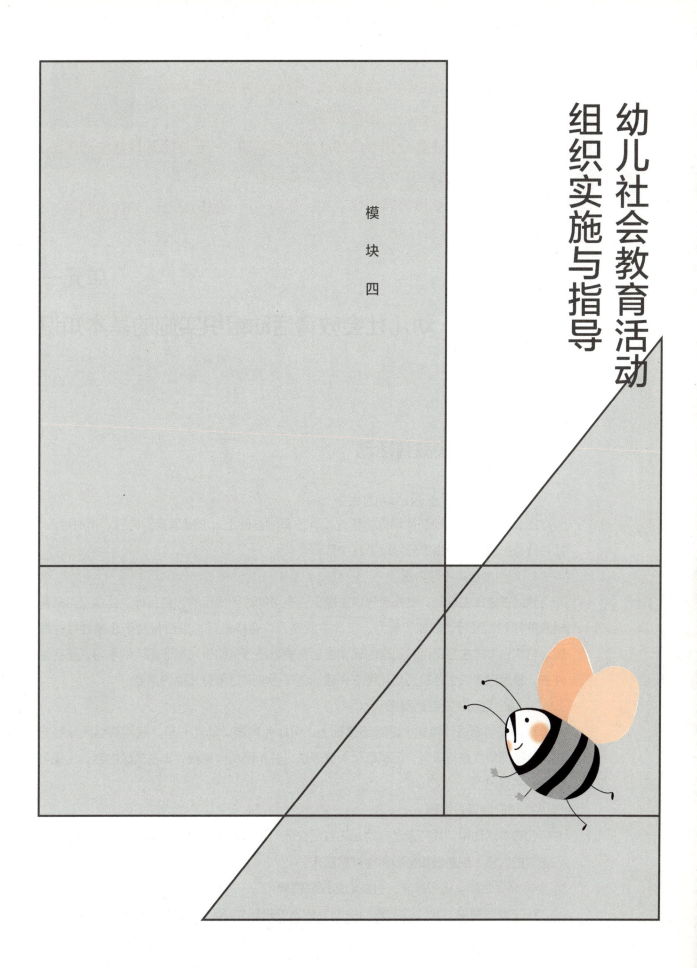

模块四

幼儿社会教育活动组织实施与指导

社会教育活动既有在幼儿园内进行的，也有在幼儿园外的社会情境中进行的，因此，我们把幼儿社会教育活动的组织分为：

幼儿园内社会教育活动：一日生活、角色游戏、社会教育主题活动等。

社会情境中的社会教育活动：园外，如参观等。

幼儿社会教育活动有多种，主要分为专门的社会教育活动、一日生活和环境中的渗透，以及家、园、社区一体化的教育。

组织实施幼儿社会教育活动的途径有集体活动、环境渗透、家园合作、角色游戏等。

单元一
幼儿社会教育活动组织实施的基本知识

一、专门的社会教育活动

（一）社会教育主题活动的组织

社会教育主题活动在前期教师预先设计方案的基础上，选择适宜的内容，适时导入。社会教育主题活动的组织分为以下几个环节：

1. 恰当地选择主题内容

教师在选择主题时，首先应考虑主题是否有可能达到预定的教育目标，儿童是否具有相应的知识、经验、技能和能力。其次主题是否有必要进行，是否有助于儿童社会性发展。再次应考虑主题是否与儿童的现实生活有关，是否有助于儿童把园内的学习迁移到园外去。最后应考虑主题是否是儿童感兴趣的，是否能满足所有儿童的需要。

2. 师生互动生成主题网络

教师在前期设计构建主题网络基础上，可以和同事、幼儿一起，采用头脑风暴等方法，从不同角度进行思考，记录每个人的想法，并不断加以完善，丰富主题内容，生成可实施的主题网络。

3. 适时地导入主题

在教育活动中，教师通过与幼儿的互动交流，了解幼儿相关的兴趣与需要，应把握引入主题的时机，使主题教育顺利地开展起来。

4. 亲师合作，进行教学、引发幼儿探究精神

在主题教育中，教师以主题网络图为依据安排具体活动，促使幼儿在活动中积极提

问，探索创造。幼儿的探究可以根据幼儿的兴趣分为同质、异质合作小组。然后再一起分享学习。幼儿父母及其他家庭成员、社区人士都是极其宝贵的人力资源，教师可以通过多种方式鼓励他们参与主题教育活动，和幼儿一起探索，共同成长。

5. 评价主题活动的进展

在主题活动的进展中，教师要注意观察幼儿在主题教育活动中的各种表现，跟踪记录幼儿的语言、行为、表情，定期作出纵向的、发展性的评价，并以此为基础评价主题对幼儿发展的适宜性，使幼儿通过主题教育活动更好地成长。

（二）幼儿社会教育集体活动的组织

幼儿社会教育集体活动的组织实施有多种形式，由于幼儿的生活既是社会教育的途径，也是社会教育的目标与内容的来源。因此，我们主要给大家介绍生活感知式集体教育活动的组织。生活感知式的社会教育目标是让幼儿直接深入社会生活，可以扩大幼儿的眼界，丰富感性经验，培养其热爱他人、热爱生活的情感；帮助其掌握相关的社会行为规范，实践有关的社会行为。生活感知式的教育组织包括以下几个环节：

1. 活动开始（导入）

活动的开始部分教师通过提供多种感知媒介与情境，让幼儿感知相关的媒介与情境，在此基础上，教师提出问题引发幼儿的思考。

动画4-1
导入技能

动画4-1就让学习者了解如何在教育活动的起始环节，采取适宜的导入。

2. 活动过程

（1）精心设计讨论问题。教师在组织该类教育活动时，要精心设计讨论题目，由浅入深地提出2~3个问题，这些问题包括"为什么"和"怎么做"等。为了提出恰当的问题、引发有效的讨论，教师在备课时应该充分考虑教育活动的目标，明确规则的内涵；围绕所设立的目标，设计出既适合教育目标又适合幼儿年龄特点的方法及活动细节。

（2）实践—讨论—再实践—再讨论。讨论之后，根据幼儿的建议与想法，教师可以引导幼儿尝试实践。通过实践后再进一步分享幼儿的认识与体验。因为活动开始引发的讨论，此时幼儿还不一定完全理解"为什么"，对"怎么做"可能还不清晰。因此讨论后的再实践环节也是非常必要的。

（3）教师的巡回指导。巡回指导可以帮助教师了解幼儿对于规则掌握的情况，及时发现幼儿规则理解上的问题；同时也能及时发现随时发生的问题，且给予及时的解决。

（4）经验的梳理与分享。每个幼儿在亲身体验中都获得了自己的经验。教师要组织幼儿及时进行分享交流，在交流与互动中教师可以进一步通过对话、问答，梳理与澄清幼儿的经验，使幼儿的经验条理化、明确化。

3. 活动延伸

每个教育活动设计都要有相应的活动延伸部分。活动延伸就是要在教育活动"教会"的基础上，帮助幼儿形成良好的行为习惯。如"轮流玩"的活动设计就安排了"带幼儿到户外玩滑梯、转椅、秋千等，提醒小朋友要排好队伍轮流玩"。通过教师带幼儿到户外的游戏，进一步让幼儿掌握和实践轮流的规则。

（三）幼儿角色游戏活动的指导

角色游戏对幼儿社会性发展具有特别重要的作用。角色扮演活动中体验有朋友的快乐及与朋友相处的乐趣，学会合作与分享，学会向同伴学习，而且能够获得礼貌、轮流、助人、分享和合作等社会技能。教师应充分了解幼儿的发展水平，在指导他们游戏的时候才可能做到有针对性，贴近幼儿的实际情况。

1. 小班角色游戏的指导

对于小班幼儿的角色游戏的指导应着重增强他们的角色意识。教师可以通过提供角色的标志物，比如妈妈的头巾、爸爸的手机、医生的白大褂与听诊器等，让幼儿明确自己的角色。也可以通过语言的启发和自己的加入来提醒他们。在小班的角色游戏中；教师还应该通过指导、帮助，启发幼儿回忆已有的感性认识，丰富他们的角色行为和语言，逐步充实游戏的内容和主题，培养幼儿独立游戏的能力。小班幼儿在游戏中往往同时扮演相同的角色。例如，一个娃娃家也许有两三位"妈妈"。这是由幼儿年龄特点造成的，教师不用去干涉，应顺其自然。

2. 中班角色游戏的指导

中班幼儿常常是一边游戏一边想下面的情节，还没有具备事先计划、商量、设计出游戏过程的能力。因此，对于中班幼儿角色游戏的指导应侧重加深他们对角色的理解，要求幼儿能较正确地反映出角色特有的行为和语言，并能创造性地表演。在游戏中，教师还应鼓励幼儿共同游戏，启发幼儿创造与固定角色有关的其他角色，并通过活动加强各主题角色与角色之间的交往与关系，从而增加角色游戏的集体性和互动性。

3. 大班角色游戏的指导

大班幼儿对于角色游戏的经验较丰富，反映的主题也较多样化，游戏的内容充实、有新意，角色较多，能体现一定的社会性，且独立游戏能力强，在游戏前能自行设计游戏情节，通过彼此的商量、协调分配角色。因此，大班幼儿角色游戏指导的重点应放在激发幼儿角色游戏的创新意识，以及培养幼儿在游戏中自己解决问题、处理矛盾的能力上。

二、一日生活和环境中的渗透

（一）一日生活中的随机教育

生活是幼儿社会教育内容的重要来源，幼儿的生活活动中存在着大量的社会教育资源。因此，在一日生活的具体情境中去体验、观察和模仿是社会性学习的重要途径，应该重视日常生活中随机进行的社会性养成教育。主要着力于培养幼儿良好的作息习惯；睡眠习惯、排泄习惯、盥洗习惯、整理习惯等卫生习惯；帮助幼儿了解初步的卫生常识和遵守有规律的生活秩序的重要意义。注意培养不同生活环节习惯养成的组织，如进餐、盥洗和整理物品的组织与指导。

1. 进餐活动的组织与指导

教师之间协调一致、相互配合，制定进餐各环节的程序要求，统一执行。帮助幼儿形成良好的进餐习惯。

（1）进餐的准备

幼儿的进餐活动应在整洁、轻松、愉快的氛围下进行。这就要求教师做好餐前准备。餐前准备可以分成物质准备和心理准备两个方面。

① 物质准备。进餐前半小时左右结束角色和区域游戏，请幼儿收拾玩具，整理活动室。教师安排餐桌，用消毒水擦餐桌，分发碗筷、餐巾。碗筷的摆放要统一要求：饭碗靠近桌沿，菜碗放在饭碗的前面，筷子放在碗的右边，餐巾放在碗的左边。中、大班幼儿可以安排值日生协助老师分发餐具。

② 心理准备。在等待进餐的时候，可以放一些优美、轻松的音乐或故事，也可以进行一些语言或手指的安静游戏，安抚幼儿的情绪，培养他们安静等待同伴一起进餐的习惯。对于那些吃饭较慢的幼儿，可以让他们提前进餐。盛第一碗饭的时候，给他们盛得略少些，鼓励他们来添饭。

在进餐前，教师还可以向幼儿介绍当天的食物，以此来引起他们的食欲，帮助他们克服挑食和偏食的毛病，培养他们良好的饮食习惯。

（2）进餐的过程

幼儿进餐时，环境应是安静、愉快、轻松的，而不是令他们紧张、压抑的。

在进餐时，教师应认真细致地观察幼儿进餐的情况。如餐具的使用方法（特别是中、大班幼儿筷子的使用方法），进餐时的坐姿，幼儿嚼、咽食物的方法及进餐时的情绪状态等。在进餐过程中，对小班幼儿应注意培养他们独立进餐的习惯和进餐的技能。对中、大班幼儿则注重进餐习惯的养成。

（3）进餐的结束

进餐结束后，要求幼儿收拾自己的餐具，放在指定的地方，然后有礼貌地轻轻地搬椅子回位。小班幼儿可以先吃完离开，中、大班幼儿则可以请值日生专门在指定地点收拾整理餐具。培养幼儿爱惜粮食、珍惜成人劳动成果的良好品质。让幼儿养成饭后洗手、漱口、擦嘴的好习惯，先吃完的幼儿可以请他们看看图书和自然角等。若班上有生病的幼儿，教师还应协助保健教师按时定量给病儿服药。

2. 盥洗活动的组织与指导

在幼儿玩沙、玩泥等活动以后，以及餐前、便后，教师要组织幼儿进行盥洗活动。盥洗活动的指导教师要帮助幼儿养成良好的盥洗习惯，教他们正确的盥洗技能。如洗手、洗脸的顺序，使用便池的方法，以及中、大班幼儿在便后自己擦拭的技能。合理安排幼儿盥洗的时间。

在盥洗活动中，教师应对幼儿提出明确具体的要求：

有秩序地排队如厕、洗手，不推不挤；不在盥洗室内大声喧哗吵闹，不妨碍他人如厕、洗手，不在盥洗室内追跑嬉戏；不玩水和肥皂；洗手完毕要在水池中甩掉手上的水再离开，不把水甩在别人身上和地上。

3. 整理物品活动的组织与指导

幼儿在园内生活，自己的个人生活用品、学习用品及游戏时使用的材料等物品，需要自己收拾、整理。教师应根据幼儿自己整理物品的实际情况，指导他们的活动。

（1）个人生活用品

包括入园后、运动后脱下的衣物鞋帽的折叠、整理；下雨天进教室换下的雨鞋、雨衣以及雨伞的摆放、整理；自己的毛巾、茶杯等物品的放置、整理等。

（2）学习用品

包括自己的水彩笔、油画棒、本子、作业纸等物品的放置和用后的整理等。

（3）游戏材料

包括体育活动的器械、角色和区域游戏的材料、图书等物品的收拾整理。

在整理物品活动指导时，教师首先要建立规则，榜样示范，帮助幼儿养成好习惯。同时为幼儿创设整洁有序的环境，可以使幼儿自觉规范自己的行为。陈鹤琴先生指出："凡是儿童自己能做的，就让他自己做；凡是儿童自己能想的，就让他自己想。"物品的整理幼儿是可以自己做好的，有助于养成幼儿的规则意识与自理能力。

幼儿一日生活皆课程，生活教育更是幼儿社会教育的重要途径，前面给大家介绍了三个环节，下面"喝水环节"也有大价值呢，如有兴趣打开微课4-1了解教师是如何通过"喝水"环节开展社会教育的。

微课4-1
自主喝水环节
的设计

图4-1 生活约定　进餐约定
图4-2 靠右行和楼道提示

（二）社会教育的环境渗透

不同的环境造成幼儿不同的学习与行为。不同的环境可诱发不同的社会行为。积极的环境能诱发、维持、巩固和强化积极的社会行为。良好的社会教育环境要具有支持性、秩序性。因此通过环境渗透来影响幼儿社会性发展要做到以下几个方面：

1. 教师要支持、尊重、接纳幼儿

教师在与幼儿的交往中应对幼儿表现出支持、尊重、接纳的情感态度和行为。这种态度与行为是建立师生间积极关系的基础，也是进一步培养幼儿良好社会性行为的基本条件。教师与幼儿的交往中，要尽量采用多种适宜的身体语言动作。例如，微笑、点头、注视，肯定性手势，抚摸、轻拍脑袋、肩膀等。能使幼儿对教师的情绪状态和对自己行为的反馈有更为明确、深刻的体会。

2. 明确而必要的规则制度

幼儿园的日常规则制度在教育活动中从一开始就要非常明确，并要一贯地执行下去，使幼儿在具体、真实的交往活动中得到运用和体验，必要时让幼儿自己讨论制定规则（图4-1），提高幼儿遵守规则的自觉性。

3. 环境创设具有某种倾向性或暗示性

环境创设主要有活动区、功能区和主题墙饰几方面。活动区是幼儿开展有效学习与养成良好行为的习惯的重要场所，必要的标志或游戏规则十分必要，应贴在合适的位置。楼梯右侧的小脚印提示幼儿靠右行走（图4-2）。墙上贴着提醒幼儿在楼道内不要奔跑的标志。功能室饮水处贴着充满童趣的动物排队等待的暗示等。

班级内的主题墙饰是幼儿园重要的教育资源，主题墙的创设要明确创设的教育意义，凸显主题背景，与幼儿教育课程的设置相配合，与幼儿的活动相一致。

通过创设并有效利用环境，让空间、设施、活动材料，引发幼儿的主动探索精神和幼儿间的相互交流。教师可以很好地利用这一教育平台，注重观察了解幼儿的心理及情绪情感变化，捕捉幼儿社会性发展的教育契机，给以适当的引导，养成规则意识，帮助幼儿学习交往方法，促进其社会性发展。

三、家、园、社区一体化教育的组织

（一）家园合作，养成良好习惯

家庭在幼儿的发展过程中，具有不可推卸的责任。尤其是在幼儿生活自理等良好行为习惯的养成方面，家园要求一致，坚持强化幼儿的亲社会行为，有助于养成幼儿良好的行为习惯。

（二）走入社区，参访学习

每个家庭和每一所幼儿园都坐落在一定的社区中，不同家庭和幼儿园所处的社区、周边环境不可能完全相同，所以，家长和老师要从实际出发，依靠社区，因地制宜地运用社区的教育资源，促进幼儿社会性的发展。教师用"社区的位置""社区的人们""社区的环境""社区的交往"为主题组织教育活动，增加幼儿对社区的感性认识，使幼儿知道社区是由不同的家庭、街道、建筑物组成的，萌发幼儿爱护公物和公共环境的意识。

（三）引进家长等社区资源，开展幼儿社会教育

幼儿园可以通过请进来的方式，把社区中的各种资源利用起来，丰富儿童的社会教育。如请懂民间艺术的家长或其他社区人员，来幼儿园向幼儿传递民间技艺，也可以请交警叔叔来幼儿园给孩子们做交通安全的指导教育等。

"请进来"的活动，主要是考虑到"走出去"的毕竟是少数幼儿，不能满足更多幼儿和家长渴望孩子发展的愿望。可以请民警叔叔和消防支队的武警战士来幼儿园做活动，在活动中幼儿积极参与，主动交往，互相帮助，愉悦了身心，收到了良好的教育效果。

动画4-2反映了幼儿园老师带领幼儿到菜市场中了解生活环境以及环境中人们的生活场景。

动画4-2
去菜场

单元二

组织与指导幼儿社会教育活动实训

●● 任务一 组织幼儿社会教育活动

■ 一、实训目的

本任务是要求学习者在学校模拟或是在幼儿园组织实施自己在第三模块设计的主题教育活动和集体活动方案，进一步检验自己设计的幼儿社会教育集体活动方案的可行性，同时掌握组织实施社会教育活动的教育技能。学习者在组织实施社会教育活动时，必须完成一次集体教育活动的组织。学习者可以根据自己的水平和实习时间的长短，选择是否完成社会教育主题活动的每个活动。但至少要完成一个社会教育集体活动的组织实施。

■ 二、实训过程

（一）形式

个人独立完成。

（二）内容与要求

1. 观摩了解

观摩2次以上社会教育活动的组织与实施，了解该班幼儿学习活动中的常规与习惯，熟悉幼儿的姓名，以便于更好地实施自己的教育活动，通过良好的师幼互动，有效地组织教学。

2. 完善方案

在"模块三设计社会教育活动"的基础上，组织实施主题教育活动。重点选择一个集体教育活动方案，在实习老师的帮助指导下进一步修改完善，使其成为一个可以实施的可行性方案。

3. 活动准备

在经过教师的指导确定教案后，准备相关的教育材料和搜集教育资源，了解幼儿与主题内容相关的水平与经验。

4. 组织实施

在充分了解教育对象和做好教学准备的情况下，组织实施自己的活动方案。

（三）完成时间

2～3周。

■ 三、实训材料

本任务是学习者在学习该领域教育活动中比较困难的一个模块，也是最重要的实训模块，因此要在实践活动中多次观摩他人的教育活动实践或是教育活动视频，模仿相应的组织教学的技能，提高该领域教学的组织能力。在此首先提供给学习者社会教育活动观摩记录表（表4-1）。

1. 观摩他人组织实施幼儿社会教育活动

观摩时，请用下面表4-1记录执教教师的教育环节。

● 表4-1 社会教育活动观摩记录表

活动主题：		活动领域：社会领域	
活动班级：		执教者：	
活动时间：		参加人数：	
观摩内容		教师的教育行为	幼儿的表现
导入			
基本过程 环节1 环节2 环节3 ……			
小结			
活动延伸			
总评及建议：			

2. 组织幼儿社会教育活动

运用在本书模块三实训任务中的"设计社会教育活动"自己设计的活动方案以及相关的教育活动材料，组织实施幼儿社会教育活动。

四、实训地点

实训室或幼儿园。

五、实训考核

上交本人组织幼儿社会教育活动方案以及相应的社会教育活动录像。

要求：上交的幼儿社会教育活动方案必须是经过指导老师指导后的修改方案。录像要求画面清晰稳定，声音清楚，尽量录幼儿的背影，主要录教师组织幼儿社会教育活动教学的情况。

●● 任务二 观察记录在环境中渗透社会教育的方式

一、实训目的

本任务是通过学习者在幼儿园观察与记录幼儿园环境中渗透社会教育的标志。掌握幼儿社会教育活动中环境渗透的途径与方法。

二、实训过程

（一）形式

个人独立完成。

（二）内容与要求

利用下园实习观摩的机会，观察记录幼儿园室内外的标志。用手机或照相机拍照记录，要求照片清晰，重点突出。照片的内容要能体现材料、规则、环境的布置。要对照片的内容做文字说明，提出自己的建议。

（三）完成时间

一周。

三、实训材料

手机或是照相机。

四、实训地点

幼儿园。

五、实训考核

上交一份某一幼儿园的室内、外环境中的区角以及功能区等标志的观察记录，要求图文并茂。并提出自己的建议与思考。

●● 任务三　家园合作的组织实施

■ 一、实训目的

本任务是通过学习者使用调查的方法了解幼儿家庭生活情况，了解幼儿在家庭中的表现，为家长提供有针对性的指导，增强家园合作的有效性，掌握家园合作组织实施的方法。

■ 二、实训过程

（一）形式

个人独立完成。

（二）内容与要求

请与幼儿家长进行沟通，让家长填写一份关于幼儿在家的生活情况调查表，实践学习如何与家长有效沟通，争取到家长的配合与支持，与家长合作，开展对幼儿某一方面生活习惯的养成教育。

（三）完成时间

一周。

■ 三、实训材料

教师了解幼儿在家庭中的实际情况，才能与家长更好地沟通，因此本任务提供给学习者一个简单易操作的"幼儿家庭生活情况调查表"（详见表4-2）。

● 表4-2 幼儿家庭生活情况调查表

指导语：幼儿的家庭生活情况调查表中的每一项目的后面都有一空格，请家长根据孩子的行为表现，在每一项目内容后的空格内，如果"能"请用"√"记录、如果"尚能"请用"○"记录、如果"不能"请用"×"记录。凡提问的项目请用文字回答。此表用于情况调查，以便进行针对性教育，并非用于评价幼儿、家长，故请家长认真客观填写此表。

班级：　　　　　　幼儿姓名：　　　　　　家长姓名：

类型	幼儿表现					
生活习惯	按时睡觉		睡觉姿势正确		饭前洗手	
	按时起床		不把手指和东西放入口中		爱护玩具	
	按时大便		东西放在固定地方		不良习惯	

类型	幼儿表现					
独立能力	自己吃饭		自己穿鞋、袜		自己收玩具	
	自己穿衣、裤		自己扣扣子		自己洗手、擦嘴	
礼貌行为	会说"谢谢"		临别再见		帮成人做事	
	会说"对不起"		接受正确意见		影响家长工作	
	早起问好		关心家长			
个性	任性		固执		怕听批评	
	撒娇		骄傲		依赖性强	
	好强		胆怯			

家长态度						
以身作则	尊敬长辈		平等和睦		接受别人合理意见	
	用礼貌语		东西用完归位		要求孩子做的自己首先做到	
教育方式	说理		迁就		任其发展	
	打骂		要求服从		定期出游	
	是否接受孩子合理要求？					
	如何对待孩子的提问？					
	如何对待孩子的错误？					
培养措施	孩子吃饭慢，您怎么办？					
	孩子的东西乱放，您怎么办？					
	是否要求孩子按时睡觉起床					
	怎样培养孩子按时大便					

□ 四、实训地点

幼儿园。

□ 五、实训考核

上交实习班级幼儿在家生活情况的调查汇总，并提出与家长沟通的内容与策略。

●● 任务四　组织指导幼儿角色游戏

□ 一、实训目的

本任务是通过学习者在幼儿园组织指导角色区游戏，体验与练习幼儿园角色游戏的组织与指导，了解幼儿社会性教育途径的多样性。

□ 二、实训过程

（一）形式

个人独立完成。

（二）内容与要求

观摩2次以上角色游戏的组织与指导，了解该班幼儿学习活动中的常规与习惯，熟悉幼儿的姓名，以便更好地实施角色游戏的指导与介入，通过良好的师幼互动，有效地指导幼儿开展游戏。

（三）完成时间

一周。

□ 三、实训材料

角色游戏观摩记录表，内容详见表4-3。

□ 四、实训地点

幼儿园。

□ 五、实训考核

上交本人组织指导角色游戏活动录像。

要求：录像要求画面清晰稳定，声音清楚，尽量录幼儿的背影，主要录教师组织指导的情况。

● 表4-3 角色游戏观摩记录表

活动主题		活动领域		社会领域
活动班级		指导者		
活动时间		参加人数		
观摩内容		教师指导策略与方法		幼儿游戏状况
总评及建议:				

单元三

实训案例

●● 案例一　社会教育主题活动组织

　　下面的社会教育主题活动是幼儿园中班进行亲子交往的活动内容。学习者可以观摩了解如何从综合性角度，从儿童深度学习的角度帮助幼儿社会性学习。

图4-3 主题网络

主题名称：厉害啦，我的爸爸（年龄班：中班）

天津市大港凯旋幼儿园　执教教师：刘洁

■ 一、主题的来源

在上一个"我爱妈妈"的主题中，孩子们感受到了妈妈的爱，妈妈的辛苦，体验了用心为妈妈制作礼物表达对妈妈的爱。稳定的家庭关系才能让孩子们形成稳定的人格与良好的情绪情感。孩子渴望妈妈的怀抱，但更期盼和爸爸一起游戏。在一次与孩子们的谈话中我听到了孩子们的吐槽：爸爸玩游戏，看手机，他总是喝酒不陪我玩。与其说是吐槽爸爸，不如说是他们在向爸爸们撒娇。《学前儿童发展心理学》中提道："父子一起进行的游戏活动往往比母子游戏活动具有更大的刺激性、新异性。"作为教师，我们也认为父子之间的交往，对孩子的认知、情感、社会性等各方面的发展具有独特的作用。怎样才能让爸爸们参与到活动中，发挥他们的教育价值呢？于是"厉害啦，我的爸爸"这一主题诞生啦！希望通过主题的开展，帮助爸爸树立威信，增进父子感情，稳定爸爸们的"教育地位"，这也是主题活动开展的核心价值。

■ 二、主题网络

在教师团队集体讨论和与全体幼儿的互动中，"厉害啦，我的爸爸"主题网络逐渐形成。详见图4-3。

4-3

三、导入主题——家长动员会

在动员会上（见图4-4），请家长观看孩子说说爸爸的视频，爸爸们听后特别惭愧，没有想到孩子全是在吐槽。动员会犹如一场及时雨，让每一位在场的爸爸对孩子们的话开始了深入思考，教师抓住关键时机，用专业知识讲述爸爸在孩子成长中的重要性。会后，一个男孩的爸爸说："我听了以后，我的心被扎了一下，特别难受，感觉和孩子在一起的时间太少了。"动员会果然收到了预期的效果。

四、主题系列活动

系列活动一：爸爸——我们的"千面英雄"

虽然孩子们在吐槽爸爸，其实每一位爸爸都是孩子的英雄。孩子们纷纷带来了爸爸的照片（图4-5），分别从外貌特征、兴趣爱好、职业特点等方面介绍自己的爸爸，加深了对爸爸的了解。每位爸爸的相貌不相同，英雄故事也不同，孩子们在作品中表现出来的"细枝末节"也不同（图4-6）。

系列活动二：和爸爸的"品质时间"

孩子真正需要的成长环境是家人的参与和陪伴，倾听孩子的心声，于是，我们开展了"和爸爸的'品质时间'"这个有意义的活动（图4-7）。这个活动是爸爸每天陪伴幼儿半小时。这一活动贯穿于整个主题的始终，陪伴的内容每天都在更新，内容丰富，形式多样。教师的精心设计，看似很简单，却能让爸爸们放下了手机，和孩子一起游戏。孩子们将陪伴的照片制成一本本小书。一本本小书承载着孩子和爸爸每天的精彩瞬间。小书垂挂在班里他们触手可及的地方，便于随时翻阅，随时讲述和爸爸有趣的故事。爸爸每天的陪伴，教师都给予鼓励和表扬，帮助爸爸树立教育的信心。妈妈们反响特别积极，都为爸爸点赞，孩子

图4-8 消防员爸爸进课堂　　　　　　　图4-10 我为爸爸来造型
图4-9 给爸爸画像　　　　　　　　　　图4-11 和爸爸做游戏

们有了爸爸的陪伴，也从开始的吐槽逐渐转变为对爸爸的崇拜。

系列活动三：跟着爸爸"走江湖"

爸爸的陪伴不仅在家里，在幼儿园里也是轰轰烈烈的。我们利用爸爸身上丰富的教育资源，根据幼儿的学习需要，请爸爸适时介入教学，为幼儿的学习与游戏提供各种援助。如消防员爸爸讲述避免火灾的方法和如何逃生（图4-8）。为了丰富幼儿多元的绘画经验，我们请爸爸走进课堂，为孩子当模特。孩子们在快乐中"给爸爸画像"（图4-9），描绘的爸爸惟妙惟肖。"我为爸爸来造型"（图4-10），孩子们用泥塑的方式勾勒出幸福的爸爸。

系列活动四：和爸爸做游戏才是地老天荒

每天有一位爸爸带孩子进行晨间锻炼，然后做游戏（图4-11）。活动进行前，我们进行了一次调查，调查中知道了爸爸的兴趣爱好、特长以及工作的时间。接下来，爸爸们开始报名啦，让我们感到惊讶的是，竟然没有一个爸爸掉队，而且活动中每一位爸爸都认真对待。

系列活动五："爸"气十足——掰手腕

爸爸的陪伴让孩子们感受到了爸爸的温情，但事实上爸爸还有威武高大的一面。"爸"气十足——掰手腕，活动前，孩子们纷纷为爸爸制作奖杯，并为爸爸颁奖（图4-12）。赛场上爸爸们的坚持不放弃，感染着孩子们。

系列活动六：我爱你，我的"擎天巨人"

孩子们感受到了爸爸的爱，得到了爸爸的爱，怎样让爸爸知道孩子们是爱他的呢？请每个孩子按照自己的意愿为爸爸准备一个礼物。一个个礼物盒藏着每个孩子不同的心意，

图4-12 为爸爸颁奖
图4-13 向爸爸赠送礼物

孩子们用了几天的时间，为爸爸精心准备了礼物。在活动中，孩子们纷纷向爸爸赠送礼物（图4-13）。

五、主题活动评价

一是从幼儿发展方面来说，通过主题活动的开展，幼儿从开始对爸爸的吐槽转变为对爸爸的崇拜，稳定了爸爸在家庭教育中的地位，同时促进了幼儿认知、情感、社会性等方面的发展。

二是从社会价值方面来说，爸爸在家庭教育中缺失的现象已成为社会问题，能够抓住这样的问题开展活动，不仅体现教师的价值，也弘扬了家庭教育的正能量。

三是从家园互动方面来说，整个活动中，家长的全程参与，真正实现了家园的高度融合。家长观念的改变不是靠我们单纯的说教，只有让家长亲身参与到活动中，感受活动的意义和价值，才会心甘情愿的配合。

●● 案例二 组织集体社会教育活动

该活动是学前教育专业学生在幼儿园组织进行的幼儿社会教育活动，教育行为与策略虽显稚嫩，但也是学习者大胆尝试的结果。学习者在观看反思之后，提出自己的修改建议，再去进一步的尝试，会有更好的改进与提升。

活动名称：男孩女孩（小班）

一、活动目标

1. 学习细心观察，区分出男孩女孩的明显特征。

2. 知道自己是男孩还是女孩，培养幼儿的性别意识。

二、活动准备

1. 物质准备

人物（男孩、女孩）、图片、水彩笔。

2. 经验准备

幼儿在生活中和在娃娃家游戏中有简单的对性别的认识。

三、活动过程

1. 导入游戏"听指令做动作"。

2. 掌握男孩女孩明显的外貌特征。

幼儿观察区分男孩女孩的不同，掌握男孩女孩明显的外貌特征。

老师：咱们昨天玩了找不同的游戏是不是呀？那现在老师请两个小朋友上来，你们能说出这两个小朋友有什么不一样的吗？谁愿意来。（一个男孩一个女孩）

通过1~2个幼儿对男孩女孩外貌特征的描述帮助幼儿区分男孩女孩的特征。（头发，衣服，颜色，玩具，厕所，游戏，胡子，喉结），同时引导幼儿有很多东西是男孩女孩都可以用的。

老师：小朋友们，请你看一下某某某幼儿的衣服和裤子，你看她是女孩，她也穿了裤子，所以男孩女孩都可以穿裤子。

3. 区分男女标志

老师：小朋友们你们知道男孩子的标志和女孩子的标志是什么样子的吗？

（1）区分男女厕所，认识男女标志。

老师：看，这里有不同的标志，看看哪个是女孩子的，哪个是男孩子的？

（2）生活中还有哪些地方有男女标志

提问：想想看，你们还在哪里看到过这些标志？

小结：我们在厕所、浴室、游泳池，很多地方都有这些标志，它们能告诉我们，哪里是女孩子进去的，哪里是男孩子进去的，千万不能走错了，不然啊，羞羞脸呀！（教师做动作）

4. 结束活动

老师：现在老师发给你们一些画纸，你们帮男孩和女孩的衣服涂上颜色好不好？

四、活动延伸

在区角投放有关男孩女孩的衣服、照片，进一步巩固与丰富幼儿的经验。

许多的学习者觉得社会领域教育活动不好组织，在实习实践中喜欢选择美术、科教等领域，社会领域教育活动的组织实施难吗？打开下面的微课，看看我们的同学是如何做的，也许你会增加信心的！

微课4-2
男孩女孩

●● 案例三　环境中渗透社会教育——区角

幼儿园活动区的标志

案例中既有活动区的规则与标志，同时也有教室不同功能区的标志，让幼儿在环境的暗示与引导下，学会幼儿园学习、生活与游戏的规则。

图4-14 娃娃家规则
图4-15 建构区规则

图4-16 美工区规则
图4-17 操作区规则

娃娃家规则

主要功能：通过模仿各种社会活动，有助于幼儿学习各种社会性行为，发展交往能力，培养幼儿的主动性、独立性和创造性，促进幼儿社会性的发展。该图标上可以明显看出游戏规则，通过文字和图形的结合让幼儿更加容易记住（图4-14）。

建构区规则

主要功能：利用积木、酸奶盒、易拉罐、纸盒等进行建构区游戏活动，培养幼儿的空间知觉，发展幼儿的空间想象力、动手操作及交流合作能力。让幼儿理解游戏规则，每次5个小朋友，让幼儿更容易体会游戏的乐趣（图4-15）。

美工区规则

主要功能：通过撕、贴、剪、画、捏、做等美术操作表现活动，发展幼儿的动手操作能力及欣赏美、表现美和创造美的能力。让幼儿懂得在使用剪刀时应注意安全。养成节约的品质（图4-16）。

操作区规则

主要功能：通过各种生活模仿性操作与练习，发展孩子编、系、扣、穿、夹等基本生活操作能力。锻炼幼儿的动脑、动手能力（图4-17）。

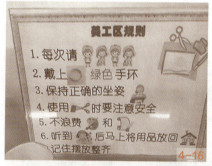

图4-18 洗手步骤　　　　　　　　　图4-20 进活动区的标志
图4-19 小便池　　　　　　　　　　图4-21 进出分割线

●● 案例四　环境中渗透社会教育——功能区

幼儿园功能区的图示

图4-18是幼儿园洗手步骤图。从图中可以明显看出洗手分为六部分，通过简笔画的形式，让幼儿可以容易掌握，同时幼儿也会爱上洗手。① 打开水龙头，冲手，关水龙头；② 擦肥皂；③ 双手掌心相对互搓出泡泡；④ 再次打开水龙头冲洗；⑤ 关上水龙头；⑥ 用毛巾擦手。让幼儿养成正确洗手的方法。

该图为小便池（图4-19）。小便池的设计看似很普通，实则很有用。上面两个手工做的小鸟提着小水壶给下面冲水地方装饰的小花浇水，寓意着幼儿解完小便后应及时冲水，很有创意，这样幼儿既喜欢解小便又可以从中学到知识。

图4-20是进娃娃家的大门，门口的小脚丫标志是提醒幼儿，在该区域需要脱掉鞋子才能进入，此标志简洁明了，很适合孩子。

图4-21中的黑线表示幼儿从座位进出所走的范围，红色箭头表示进入和出去的方向，防止进入和出去的幼儿相撞。从而也保证了秩序。

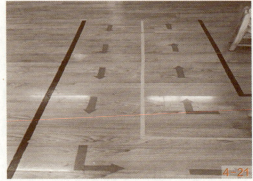

●● 案例五　家园共育，养成良好习惯

了解幼儿家庭生活习惯的情况与建议

□ 一、调查目的

了解幼儿在家庭中的生活习惯的状况，对于加强幼儿生活自理能力的培养与教育具有重要的价值，也是家园合作的重要内容。本调查希望通过对幼儿在家庭中生活习惯的调查，进一步了解班级幼儿的生活习惯状况，通过家园合作帮助幼儿养成良好的生活习惯，巩固幼儿在幼儿园的生活自理能力的保持效果。

□ 二、调查对象

某中班幼儿25名的家长。

□ 三、方法与步骤

通过向实习所在班级的家长发放"幼儿家庭生活习惯调查表"，回收相关问卷后，进行简单的汇总整理，梳理出班级幼儿的生活习惯情况后，与所在班级指导老师商议后，与家长反馈幼儿的生活习惯情况，并提供一些建议。

□ 四、调查结果与分析

调查实习班级25名幼儿家庭生活情况，调查结果如表4-4所示：

● 表4-4 幼儿家庭生活习惯调查汇总表

类型	幼儿表现						
生活习惯	按时睡觉	20	睡觉姿势正确	18	饭前洗手	25
	按时起床	18	不把手指和别物放入口中	20	爱护玩具	18
	按时大便	18	东西放在固定地方	15	不良习惯	6
独立能力	自己吃饭		25	自己扣扣子		20
	自己穿衣、裤		20	自己收玩具		15
	自己穿鞋、袜		23	自己洗手、擦嘴		25
礼貌行为	会说"谢谢"		25	接受正确意见		20
	会说"对不起"		25	关心家长		15
	早起问好		17	帮成人做事		17
	临别再见		23	影响家长工作		10

类型	幼儿表现				
个性	任性	8	骄傲	6	
	撒娇	13	胆怯	8	
	好强	6	怕听批评	7	
	固执	4	依赖性强	12	
家长态度					
家长以身作则	尊敬长辈	25	东西用完归位	20	
	用礼貌语	15	接受别人合理意见	25	
	平等和睦	23	要求孩子做的自己首先做到	20	
家长教育方式	说理	22	迁就	10	任其发展	4
	打骂	2	要求服从	10	定期出游	17
	是否接受孩子合理要求	略			
	如何对待孩子的提问	略			
	如何对待孩子的错误	略			
培养措施	孩子吃饭慢，您怎么办？	略			
	孩子的东西乱放，您怎么办？	略			
	是否要求孩子按时睡觉起床	略			
	怎样培养孩子按时大便	略			

由上表可见，该班幼儿总体来讲在家庭中的表现还是比较好的。但是在"收拾整理玩具""乱放东西""主动关心家长""早上主动问好""依赖性"等方面存在着比较突出的问题。这就为我们在幼儿园开展相应的主题教育活动，提供了反馈信息，是幼儿园社会教育生成点，同时也是家长的关注点。

在家长的教育措施与以身作则方面，我们也发现家长由于工作忙等原因，对于孩子缺乏耐心，有时会嫌孩子烦，让其自己玩等。或是孩子一任性哭闹会迁就孩子。给孩子的陪伴时间比较少，只是节假日会带孩子出去玩。

五、建议与途径

（一）建议

家长以身作则，为孩子树立良好的榜样。父母是孩子的第一任老师，家庭环境的整洁有序，家庭生活作息的规律，都是家长应该注意的方面。孩子在家庭生活中会潜移默化地受到家长、家风的影响。

同时，家长还要注意在家庭生活中要抽出一定的时间来陪伴孩子，在陪伴孩子中发现孩子的行为问题和生活习惯的问题，有针对性地及时引导与纠正，不然形成习惯就不好纠正和更改了。如果在教育孩子时遇到一些困扰的问题可以及时与幼儿园的教师沟通，在教师的专业指导下，在家园的共同配合下让幼儿养成良好的习惯与个性品质，促进孩子健康成长。

（二）途径

可以利用班级微信群反馈相应的调查结果。针对幼儿比较突出的表现，进行肯定与鼓励。针对明显的问题，提供给家长一些具体有效的办法，指导家长的教育。对于个别幼儿的倾向性问题，可以私下面谈或是家访。通过家长开放日让家长了解幼儿园相关内容的教育，更加明确社会教育相关内容的家园教育一致性与一惯性，增强家长对幼儿社会性发展的关注，促进幼儿社会性的发展。

●● 案例六　角色游戏组织与指导

案例1　在幼儿园观摩幼儿园老师角色游戏组织的记录（见表4-5）。

● 表4-5 幼儿园角色游戏组织情况记录表

活动主题：蛋糕店		活动领域：社会，语言
活动班级：小七班		执教者：张楠
活动时间：2018.5.15		参加人数：8
观摩内容	教师指导策略	幼儿游戏状况
活动目标： 1. 引导幼儿扮演熟悉的角色，知道角色名称，模仿最基本的动作 2. 游戏中有简单的角色语言和行为 3. 培养幼儿按意愿独立地确定游戏主题的能力，主题鲜明而稳定 4. 让幼儿学会协商分配角色，与同伴积极交往，友好合作 5. 进一步深化各个主题的内容，丰富各游戏，鼓励幼儿加强各角色间的联系	多方面设计教学目标，让幼儿全面发展	幼儿能积极配合老师，主动进行角色游戏，并感受到其中的快乐。友好地与同伴进行沟通，发展同伴关系。与同伴交往的同时，语言也得到了发展

观摩内容	教师指导策略	幼儿游戏状况
活动准备：1. 各种口味的蛋糕、面包玩具 2. 橡皮泥、工作服等	准备很全面	
过程记录： 1. 游戏前简单的导入，激发兴趣 2. 幼儿自主开展，观察与指导重点 （1）帮助幼儿一起布置游戏场地 （2）观察幼儿在游戏中的语言和动作，了解幼儿角色水平 （3）教师扮演角色，随机指导，引导幼儿有简单的角色语言和行为 3. 游戏后谈话，以教师为主的谈话方式，再现有价值的游戏片断	认真观察幼儿的反应，挑选合适的时机，做适当的指引。让幼儿的游戏顺利进行	
总评及建议：活动目标可以设计得全面一些，五大领域都有涉及，会对幼儿有更大的帮助，教师在游戏过程中以合作者的身份参与其中，这样既能调动幼儿参与的积极性，又能间接引导活动的进行，使游戏更好地进行下去		

微课4-3
幼儿园角色
游戏的组织
与指导

案例2 角色游戏的指导

该视频中教师通过对区角材料、角色的介绍，让幼儿对本次主题游戏有基本的认知，同时让孩子自主选择角色，尊重孩子对游戏的主动性与创造性，让幼儿在自主的游戏中获得社会性的发展。

教育活动

评价幼儿社会

模块五

通过学习幼儿社会教育评价的基本知识，掌握评价社会教育活动的基本要点，形成正确的教育评价观念。学会评价与分析幼儿社会教育活动的不同环节，能从多方面对教师与幼儿的行为做出客观恰当的分析。

单元一
幼儿社会教育活动评价的基本知识

　　幼儿社会教育活动评价是以幼儿社会教育活动为对象，根据一定的标准，采用可行的评价技术和方法，对幼儿社会教育活动的过程及其效果进行测定，做出价值判断的过程。

一、幼儿社会教育活动评价的内容

　　幼儿社会教育活动的评价指标分为横向维度和纵向维度。横向维度包括教师行为、幼儿行为（图5-1）。纵向维度分为社会教育活动的实施前、实施过程以及实施效果三部分（图5-2）。

　　横向与纵向维度之外，还包括对教师教学基本功的评价。具体讲，幼儿社会教育活动的评价包括以下方面（图5-1和图5-2）：

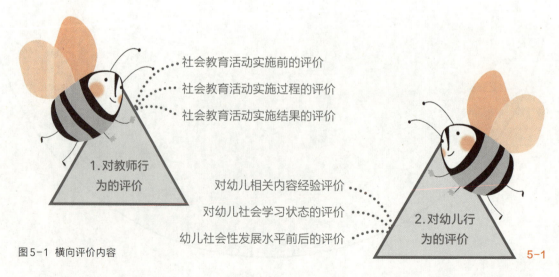

图5-1　横向评价内容

5-1

图5-2 纵向评价内容

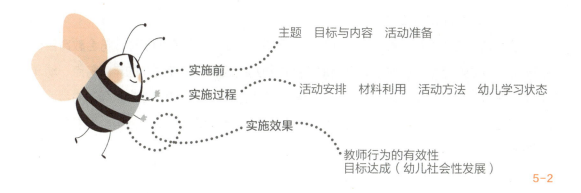

主题　目标与内容　活动准备

实施前

实施过程　　活动安排　材料利用　活动方法　幼儿学习状态

实施效果

教师行为的有效性
目标达成（幼儿社会性发展）

5-2

二、幼儿社会教育活动评价的过程

幼儿社会教育活动有多种形式，既有一日生活中的社会教育，也有专门的社会教育活动。在此以幼儿园的专门社会教育活动为例，掌握幼儿社会教育活动各环节的评价技能。幼儿专门社会教育活动可以从以下几个方面入手进行评价。

（一）对幼儿社会教育活动实施前的评价

首先要通过阅读教育活动的方案来了解本次活动的意图，弄清楚幼儿新旧经验的内在联系，熟知教育内容的重难点。明确这次教育活动的目标，只有明确了教学目标，观摩时才能看出教师教育活动的完成情况。

这一环节的评价主要包括以下几方面：

1. 幼儿社会教育活动意图的评价

社会教育活动方案的确立要考虑幼儿的先前经验、家庭背景、年龄特点以及个性特征，必须确定幼儿在教育活动开始前应该习得的经验技能。然后才能协助幼儿设立一个适当的情境，使幼儿从一开始就能参与问题的探索。

2. 幼儿社会教育活动目标的评价

教学目标是教学的出发点和归宿，它的正确制定和达成是衡量一个教育活动好坏的主要尺度。社会教育目标的评价要注意以下几个方面：

全面：包含知识、能力、情感态度三个纬度。

具体：指知识目标要有量化要求，能力、情感态度目标要有明确要求，表述时可操作性明显。

适宜：指确定的教学目标，能以《纲要》为指导，符合幼儿的年龄特点和认知规律，关注本年龄段幼儿兴趣点，且难易适度。

3. 幼儿社会教育内容的评价

社会教育内容的选择，既要符合幼儿的兴趣和现有经验，又有助于形成符合教育目标的新经验；既要贴近幼儿的生活，又有助于拓展幼儿的经验。要按幼儿的年龄特点、幼儿的需要，由浅入深，由易到难，有层次、有重点地去选择。因此幼儿社会教育的内容评价是要评价社会教育的内容与目标是否匹配，内容是否考虑到幼儿生活经验与心理发展水平的适宜性。

4. 幼儿社会教育活动准备的评价

幼儿社会教育活动准备的评价主要包括对幼儿教师物质、环境创设的准备和幼儿经验准备的评价，有时还包括人员准备评价。评价的具体内容如下。

（1）室内外的环境是否能为幼儿提供有益的经验，是否有利于幼儿参与。

（2）教玩具及材料提供是否得当、充足，并且材料的利用率一定要高。

（3）人际交往环境是否民主、融洽，真正做到了解幼儿、尊重幼儿、满足幼儿，为幼儿营造安全、温馨的心理环境。

（4）是否充分有效地利用家庭、社会中的各种有利因素，帮助幼儿在与环境的交互作用中得到健康、和谐的发展，教育活动资源是教与学的重要媒介。

（5）评价时，还要认真琢磨幼儿教师如何把信息技术与教学活动整合，充分发挥信息技术的作用，为幼儿的学习提供丰富多彩的教学情境，从而激发幼儿学习兴趣，提高课堂教学实效。

（二）对幼儿社会教育活动实施过程的评价

1. 活动安排

教学环节的顺序安排要由易到难，由浅入深，层层递进，激发兴趣，满足幼儿学习需要。时间分配和衔接上要求：完成每一环节的过程和过渡恰当，指导与练习时间搭配要合理等。幼儿个人活动，小组活动和集体活动时间分配合理。总的来讲，要做到合理安排、科学调配，充分发挥每一分钟时间的效能。

2. 材料利用

材料的提供是否隐含着教育意图，是否有适宜的结构，用于操作探索的材料应具有定向性（如弹性），不致产生歧义，用于加工改造的材料要有变化的可能，提供的原型应当具有代表性，以有利于幼儿的探索、发现、创新。

3. 活动方法

在教育活动中选用活动方法要做到：有目的地创设模拟情景使幼儿主动参与、自发生成与体验相结合、有目的地选择传统教玩具材料与采用现代化视听相结合、根据教育内容组织集体活动与分组、个别活动相结合。采用举例说明，引导比较、直观演示等手段，运用比较、分析、综合等逻辑思维方式帮助幼儿突破重点难点，理解掌握新知识。

4. 幼儿学习状态

具体内容包括：学习态度、学习能力、方法和完成学习任务的质量和进步程度。主要有"情绪状态、注意状态、参与状态、交往状态、思维状态、生成状态"几个方面。

（三）对幼儿社会教育活动实施效果的评价

社会教育活动效果的评价主要是了解幼儿在活动中的社会学习成效、教师的态度与行为、师生互动的质量以及学习环境等。

社会教育活动效果的评价主要包括以下两点。

1. 教师行为的有效性

（1）活动的导入环节要能引起幼儿参与学习的兴趣。

（2）活动中要充分保证幼儿的自由活动时间。

（3）尽量让每个幼儿有动手操作方面的参与。

（4）引导幼儿顺利开展活动，并提高解决具体问题的能力。

（5）在幼儿遇到困难时，及时加以示范和指导。

（6）教育资源与教育技术的运用恰当，有效帮助幼儿进行学习。

2. 教育预期目标的达成

根据教师预设的教育活动目标，评价是否通过本次活动达成了相应的活动目标，幼儿获得预期的社会性发展与提升，有哪些幼儿在本次学习中还需要进一步学习与提升。

（四）对幼儿教师教学基本功的评价

1. 对教师教态的评价

据心理学研究表明：人的表达靠55%的面部表情+38%的声音+7%的言词。幼儿教师活动中的教态应该是明朗、快乐、富有感染力的。应仪表端庄，举止从容，态度热情，热爱幼儿，师生情感融洽。

2. 对教师活动中语言的评价

教学也是一种语言的艺术。首先，要准确清楚，说普通话，精确简炼，生动形象，提问有启发性。其次，教学语言的语调要高低适宜，快慢适度，抑扬顿挫，富于变化。

3. 对教师在教育活动中使用教学材料的评价

主要评价幼儿教师运用教具、多媒体操作的熟练程度，与幼儿认知水平和特点的契合性。

三、幼儿社会教育活动评价分析

（一）树立正确的评价观

幼儿社会教育活动评价应采取实事求是的态度，尽量客观全面地搜集资料，以事实为依据进行评价与判断。评价是为了促进幼儿的社会性发展和提高幼儿教师社会教育的能力，提高教师的专业化水平。

评价指标和方法要科学，社会教育活动的评价主要以质性评价为主，适度结合量化评价。质性评价如参与式观察、谈话、幼儿作品分析，以及通过与其他工作人员和家长的交流等方式了解幼儿的发展和需要；应关注幼儿在经验、能力、兴趣、学习特点等方面的个体差异，避免用整齐划一的标准评价不同幼儿。

评价形式的多样。评价的形式根据分类标准不同可以分为不同的评价方式。如小组评价、个人评价和集体评价。或是过程评价、阶段性评价和终结性评价。在幼儿园的社会教育评价中以过程性评价为主，同时也要与阶段性评价和终结性评价相结合。儿童既是评价的对象，也是评价的主体。在评价过程中强调儿童的自评，互评，教师、家长以及其他有关人员的参与等多主体的评价。

（二）整理评价记录

评价记录的整理归纳为：评价内容整理，按先后程序提纲挈领地记录下来，也可以通过事先设计好的检核表进行记录；时间分配，即各环节所用时间，幼儿教师教学用的时间，幼儿学习用的时间；教法学法的选择与应用，记录情境创设、过渡的语言、引导的技巧、激励的方法、组织活动的方式；记录幼儿教师挖掘与利用课堂生成资源的情况，记录灵活处理偶发事件。

（三）做好评价分析

无论是采用什么形式，评价主体是谁，听过一次活动后就应及时进行综合分析，找出这次活动的特点和闪光处，总结出有规律性的认识。针对这节课实际情况，提出一些建议性的意见与合理性的修改建议，与执教幼儿教师进行交流切磋，以达到互助互学的目的。

评价分析要本着客观公正、实事求是的精神。但实话实说也要讲究方法与策略，讲究评价艺术。评价者要从帮助促进执教者的角度考虑问题，提出中肯的指导意见，这样才有助于执教者反思自己的教学，提高教学水准。

评价分析一定注意结合幼儿的发展水平与特点，不仅仅评价教师的行为，也要结合幼儿的学习与发展状况，综合分析教育活动的结果。同时注意分析一定要把过程的评价与结果评价结合起来分析才能全面评价教育活动的师生行为的发展变化。

评价与分析最好是多主体、多角度的评价与分析，这样才能形成全面、公正、客观的评价与分析，才能真正达到评价的目的，才能促进幼儿的社会性发展和提高幼儿教师社会教育的能力，提高教师的专业化水平。

单元二
评价与分析幼儿社会教育活动的实训

●● 任务一　评价幼儿社会教育活动的方案

▢ 一、实训目的
本任务主要是学习者评价与分析自己或他人的幼儿社会教育活动多种方案，其中主要是社会教育主题活动的方案和集体活动的方案两种最为常见的活动方案，掌握反思与评价教育活动前的内容与方法。

▢ 二、实训过程
（一）形式

小组合作完成。

（二）内容与要求

首先，每个学习者都要熟悉社会教育主题活动和集体活动评价的标准与要求。然后针对学习者在前面模块中设计的主题活动方案和集体活动方案，分组交换设计方案，以小组为单位讨论评价对方的活动方案。

（三）完成时间

一周。

▢ 三、实训材料
幼儿社会教育活动方案评价表是学习者在对"社会教育活动前"的评价记录表，学习者可以在阅读完主题活动设计和集体活动教案后，运用表5-1、表5-2对主题活动和集体活动教案的各部分内容进行评价分析。评价表简单容易操作，学习者对照下表，进行检核，如果符合就在该项后面的"是"处画"√"，否则画"×"。这样就大致对"主题活动设计"与"集体活动设计"有初步的评价。针对检核出的问题进行修改完善。

● **表5-1 社会教育主题活动方案评价检核表**

单元名称：		班级：		
项目	**检核内容**		**是**	**否**
主题	1. 是否符合学前幼儿的兴趣与需要			
	2. 是否包含多方面的教育价值			
	3. 是否涉及各个学习领域			
	4. 是否具有可行性			
目标	1. 单元目标是否符合学前儿童教育的目的和课程总目标			
	2. 目标是否符合学前幼儿的发展水平			
	3. 目标是否包含认知、情感态度、动作技能三大教育目标领域			
	4. 单元目标与具体活动的目标是否吻合			
活动内容	1. 内容与目标之间是否对应			
	2. 内容是否符合学前幼儿的发展程度（难易度）			
	3. 内容是否符合学前幼儿的兴趣与需求			
	4. 内容是否包含主要课程领域			
	5. 内容是否动静态的活动均顾及			
	6. 内容是否注意到季节性与地方性			
	7. 内容是否注意到文化的传承与介绍			
	8. 内容是否潜在地含有歧视性倾向（性别、文化、种族等）			
方法	1. 采用的教学法是否能充分反映内容的特质			
	2. 教学方法是否符合学前儿童的学习方式和特点			
	3. 活动流程的转换是否适宜			
	4. 教具或资源的使用是否适宜			
	5. 对活动过程中可能出现的问题是否有所准备			

● 表5-2 教育活动方案设计适宜性评价表

项目	内容	是	否
目标	制定是否合理		
教具	准备是否充分		
	是否恰当		
活动主题	是否自然地引出活动主题		
	是否巧妙地激发学前儿童兴趣		
环节设计	是否为实现目标而服务		
	是否循序渐进，环环相扣		
	是否突出重点，突破难点		
总结	是否紧扣活动目标，提升学前儿童的知识经验		
	是否引导学前儿童积极参与，师幼共同总结		

■ 四、实训地点

学校教室。

■ 五、实训考核

用表5-1和表5-2分析评价一个社会教育主题活动的设计与集体活动方案的设计。提出小组建议与分析。

●● 任务二　评价社会教育活动中教师行为与幼儿的学习行为

■ 一、实训目的

本任务是通过学习者对同伴、幼儿园教师的现场教育活动或是教育活动录像的评价，学会评价与分析幼儿社会教育活动中教师的行为各要素，提高学习者反思教育活动的能力。同时掌握幼儿在教育活动的表现，学会观察幼儿的行为反应，以便更好地了解幼儿的学习行为，及时调整教育策略，实现预期的教育目标和幼儿的发展目标。

■ 二、实训过程

（一）形式

小组合作完成。

（二）内容与要求

首先观看幼儿园教师社会教育活动的录像，记录下其教育活动的环节。同时每个人用后面提供的表5-3、表5-4评价教师在社会教育活动各环节的教育行为。然后小组讨论后写出综合性评价。

（三）完成时间

一周。

■ 三、实训材料

材料1：他人或学生自己的社会教育活动录像

幼儿园教师的集体社会教育活动的视频是学习者用来分析与评价的基本材料，可以是幼儿园教师的教学活动实录，也可以是学生自己的社会教育活动。下面的微课视频5-1就是幼儿园老师组织的幼儿社会教育活动。

微课5-1
国旗的秘密

材料2：社会教育集体活动组织评价表

社会教育集体活动组织评价表5-3是学习者用来观摩评价幼儿社会教育活动组织实施的评价记录表，学习者在观摩他人的实际社会教育活动时边看边记录。表中把社会教育活动的评价分为六个大的指标，每个指标又做了具体内容的表述，每一内容分为四个等级水平。其中A：5分，B：4分，C：3分，D：2分。使用者可以直接在评价内容对应等级处，打出分数，最后汇总，形成对该活动的总体评价分数。

● 表5-3 社会教育集体活动组织实施状况评价表

班级：		组织者姓名：		评价者姓名：			
活动名称							
评价项目	评价内容		评价等级				项目得分
		A	B	C	D		
活动目标（10分）	1. 情感与态度、能力、知识与技能等目标确定恰当						
	2. 体现教育内容与幼儿的适宜性，目标达成情况好						
活动内容（10分）	1. 内容科学严谨，适合本班幼儿实际，重点突出，难点得当						
	2. 注重幼儿的年龄特点和兴趣需要，有利于师幼互动、幼幼互动，体现创新意识						

评价项目	评价内容	评价等级				项目得分
		A	B	C	D	
活动方法及手段（20分）	1. 教法灵活，能调动幼儿的学习积极性和主动性					
	2. 关注幼儿学习兴趣和各种能力的培养					
	3. 能恰当运用教具、学具或多媒体手段进行辅助教学，活动组织效果好					
	4. 善于创设恰当的情境，有利于幼儿情感、态度、能力的培养					
活动过程（35分）	1. 活动环节安排合理，知识衔接自然					
	2. 注重知识的发生发展过程					
	3. 师幼互动、幼幼互动积极、融洽					
	4. 活动信息反馈及时，应变能力强					
	5. 在突破重点、难点的方式上有所创新					
	6. 评价具有激励作用，重视过程性、发展性和差异性					
	7. 能面向全体、因材施教					
教师素质（10分）	1. 教态自然，仪表端庄大方，语言表述清楚，富有激情和感染力					
	2. 教师的基本功娴熟，能准确把握时间					
活动效果（15分）	1. 活动气氛活跃，幼儿积极主动地参与学习的全过程，有所收获					
	2. 大多数幼儿能在活动中愉快地构建知识，并能简单地应用					
	3. 教学目标达成					
评价人		总　　分				

材料3：观察分析幼儿在社会教育活动中的学习行为可以通过下面的核查表进行。

表5-4是幼儿的学习状态评价检核表，使用者在评价幼儿社会学习时针对幼儿在活动中的"情绪状态""参与状态""注意状态""交往状态""思维状态"以及"生成状态"做出评价，幼儿在活动中出现相应内容项，就在该项后面的"是"处划"√"，否则划"×"。

● 表5-4 幼儿在教育活动中的学习状态评价表

项目	表现	评价	
		是	否
情绪状态	具有浓厚的兴趣		
	能长时间保持兴趣		
	自我调节和控制学习情绪		
	学习过程愉悦		
	学习愿望不断得以增强		
参与状态	幼儿全员参与学习活动		
	积极主动地投入思考，踊跃发言，兴致勃勃地参与讨论和发言		
	自觉地进行练习		
注意状态	幼儿始终关注讨论的主要问题，并能保持较长时间的注意力		
	幼儿的目光始终追随发言者（教师或幼儿）的一举一动		
	幼儿的倾听全神贯注，回答具有针对性		
交往状态	整个课堂气氛民主、和谐、活跃		
	幼儿在学习过程中友好分工与合作		
	能虚心听取他人的意见，尊重他人的发言		
	遇到困难时幼儿主动与他人交流、合作，共同解决问题		
思维状态	幼儿围绕讨论的问题积极思考、踊跃发言		
	幼儿回答问题的语言流畅、有条理		
	善用自己的语言阐述自己的观点		

项目	表现	评价	
思维状态	幼儿敢于质疑，提出有价值的问题，并展开争论		
	幼儿的回答或见解有自己的思考或创意		
生成状态	幼儿全面达成了学习目标		
	幼儿学习能力、实践能力和创新能力得到增强		
	有满足、成功和喜悦等积极的心理体验		
	对未来学习充满了信心		

■ 四、实训地点

学校教室。

■ 五、实训考核

要求每人观摩评价1节社会教育活动录像课，评价与分析方法如下：

（1）记录教育活动的基本过程。

（2）使用教师教育活动评价表5-3、表5-4完成1节社会教育活动课的观摩评价，填写评价表并记录小组成员的意见，形成综合的评价分析的建议和改进措施。

单元三
实训案例

●● 案例一　社会教育主题活动方案评价表的使用

下面通过分析"我是中班小朋友"社会教育主题活动设计和主题下集体教育活动，具体见模块三中的社会教育主题活动方案案例设计。我们以表5-5和表5-6来作为对模块三中的社会教育主题活动方案案例设计进行检核评价的工具。

● 表5-5 社会教育主题活动方案评价检核表

主题名称：我是中班小朋友		班级：中班		
项目	检核内容		是	否
主题	1．是否符合幼儿的兴趣与需要		√	
	2．是否包含多方面的教育价值		√	
	3．是否涉及各个学习领域		√	
	4．是否具有可行性		√	
目标	1．单元目标是否符合幼儿教育的目的和课程总目标		√	
	2．目标是否符合幼儿的发展水平		√	
	3．目标是否包含认知、情感态度、动作技能三大教育目标领域		√	
	4．单元目标与具体活动的目标是否吻合		√	
活动内容	1．内容与目标之间是否对应		√	
	2．内容是否符合幼儿的发展程度（难易度）		√	
	3．内容是否符合幼儿的兴趣与需求		√	
	4．内容是否包含主要课程领域		√	
	5．内容是否顾及动静态的活动		√	
	6．内容是否注意到季节性与地方性			√
	7．内容是否注意到文化的传承与介绍			√
	8．内容是否潜在地含有歧视性倾向（性别、文化、阶层、种族等）			√
方法	1．采用的教学法是否能充分反映内容的特质		√	
	2．教学方法是否符合幼儿的学习方式和特点		√	
	3．活动流程的转换是否合宜		√	
	4．教具或资源的使用是否合宜		√	
	5．对活动过程中可能出现的问题是否有所准备			√

● 表5-6 "我们的新班级" 教育活动方案设计适宜性评价表

项目	内容	是	否
目标	制定是否合理	√	
教具	准备是否充分	√	
	是否恰当	√	
活动主题	是否自然地引出活动主题	√	
	是否巧妙地激发幼儿的兴趣	√	
环节设计	是否为实现目标而服务	√	
	是否循序渐进，环环相扣	√	
	是否突出重点，突破难点	√	
总结	是否紧扣活动目标，提升幼儿的知识经验	√	

　　从以上的"我是中班小朋友"社会教育主题活动方案评价检核表中可以看到：对"我是中班小朋友"社会教育主题活动的评价基本上都是肯定的。说明本主题活动能从幼儿的发展水平和经验出发，确定适宜的活动目标与内容。根据中班幼儿的兴趣与需要，架构了"我的班级""我的变化""我的好朋友""我的新本领"等系列活动网络，让幼儿在看看、说说、做做等活动中，学会发现自己及周围环境的变化，尝试体会自我服务和为集体服务的乐趣，增强自信心，体验成长的快乐，萌发初步的责任意识，感受升班带来的自豪和喜悦。

　　同时老师考虑了主题系列教育活动之前要创设哪些支持环境和充分利用哪些教育资源，为之后开展教育活动提供了必要的物质、空间和经验的准备。

　　"我们的新班级"教育活动评价结果基本上也是肯定的。说明该教育活动设计的目标、准备、教育环节、小结和教育评价都比较符合幼儿的发展水平和认知规律，有助于教育目标的实现。

图 5-3 领奖台样式图

●● 案例二　社会教育活动的组织记录与评价分析

社会教育活动的组织实录：搭建领奖台（中班）

天津市北辰区引河里幼儿园　唐国兰

一、活动意图

在"快乐的运动"主题活动中，当幼儿每日沉浸在了解奥运会的相关知识时，发现在自己的运动会上缺少了这个让自己"心向神往"的领奖台，于是，他们自然而然地提出了这个要求——"我们可不可以搭建一个属于自己的领奖台？"经过热烈的讨论，幼儿们想出了"我们几个小朋友在一块儿"的"分组搭建方式"来尝试领奖台的搭建活动。把在电视中看到的东西在现实中进行还原搭建对于中班孩子来说，还是第一次。为了让每个幼儿体验到这种从无到有，实现自己内心愿望的创造搭建过程，我们的主题活动"搭建领奖台"产生了。

二、活动目标

1. 尝试用不同方式设计搭建不同样子的领奖台。

2. 引导幼儿欣赏、了解各种各样的领奖台，知道领奖台的特征和用途。

3. 大胆表达自己的想法，培养与同伴团结协作的能力。

4. 鼓励大胆创新，体验动手完成创意的乐趣。

三、活动准备

1. 幼儿日常生活中有关注过建筑工人施工和自己动手搭建的经验。

2. 亲子共同查阅、搜集各式各样的领奖台。

四、活动过程

1. 设计我的领奖台

幼儿们将自己与家长搜集到的各式各样的领奖台与小朋友们一起交流分享，最后由师幼共同总结加深印象，并设计画出自己喜欢的领奖台样式（图5-3）。

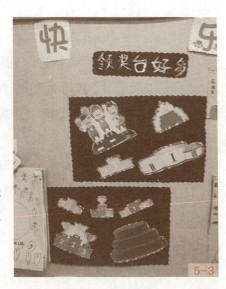

2. 我们搭搭试试

孩子们经历过了分享亲子间搜集到的领奖台和设计自己喜欢的领奖台之后，"我们搭搭试试"这件事情就自然地提了出来。先是孩子们用活动区里面的拼插玩具制作模型，后来又将这个活动延伸到户外，孩子们寻找各种各样的材料尝试搭建，万能工匠、轮胎、沙袋、垫子……当然，有的成功、有的失败……（图5-4）

图 5-4 搭建领奖台
图 5-5 领奖台的秘密
图 5-6 讨论结果图

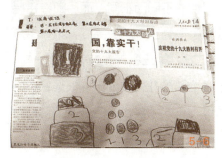

3. 集体梳理 "我发现"

面对有的幼儿搭建成功、有的幼儿搭建失败，证明幼儿对于领奖台的搭建依然存在着问题，故此，我们再一次进行领奖台的欣赏活动，并采取集中梳理的方式引导幼儿成功搭建领奖台。

（1）教师：发现了什么？（图 5-5）

东东：（领奖台）有的（地方）有点高，有的（地方）有点低。

满满：大小不一样。

小奎：有的颜色也不一样。

（2）教师：谁高谁低（哪边高哪边低）？

哥哥：第一层领奖台有点高，第三层有点矮，第二层有一点大。

（3）教师：多高多低？

小娜：一等奖像二个台阶那么高，二等奖像一个台阶那么高，三等奖不用台阶，就零那么高。

轩轩：一等奖搭两个万能工匠，二等奖搭一个，三等奖就不搭了，要不然就太高了（我听说 $1+1=2$）。

小博：一等奖用三块积木，正好这么高，二等奖用两块积木，要矮一点，三等奖用一块积木就够了。

集中梳理之后，孩子们对于领奖台有了进一步系统明确的认知，孩子们继续进行着自己困难重重的领奖台搭建之路（图 5-6）。

4. 搭建什么样子的领奖台

教师：孩子们，老师有问题了，第一个问题：咱们知道了这么多的领奖台，你们觉得哪种领奖台更适合咱们？

小马：老师，我觉得楼梯式领奖台好，因为它像舞台，更漂亮！

苏苏：我觉得过山车领奖台好，长长的。

小马和苏苏两位小朋友的提议获得了大家的赞同，于是顺应幼儿的提议便支持幼儿自由选组，将全班幼儿分成两个大组，同时进行搭建。

新的实践引出新的问题——"楼梯式的领奖台（图 5-7）不好看（不方便看，易挡住

图5-7 楼梯式　　　　　　　　　图5-8 过山车式

视线），前面个子高的小朋友把后面个子矮的小朋友挡住了，还是过山车式（图5-8）的领奖台好，都能看见！"

教师提升——真正的领奖台因世界各国赛制和风俗习惯的不同而不同，而后随着希腊奥运会逐渐成为世界级体育赛事，奥组委统一规定将领奖台设为三个等级高度，第一名应置二三名中间为最高高度，第二名应在第一名运动员的右方，第三名在左方，并成一排。而我国职业体育赛事受西方（奥运会）影响，形成前三名运动员并列站成一排根据名次划分高度的领奖台模式。最终与幼儿们达成共识，进行"过山车式领奖台"的搭建。

5. 领奖台不稳定（图5-9）

小牛：咱们垫一些东西在上面（泡沫玩具、毛巾、抹布）

（试验之后，效果不理想，幼儿原是想通过增大摩擦力，解决他们从领奖台上滑落的问题，但实质上是积木连接的问题）

小崔：钉个钉子。

小孙：拿胶带粘，用那个厚的（泡沫胶）。

小马：拿绳子绑上（试验之后，效果不理想）。

小刘：咱们可以换成那个大的，外面的那个万能工匠，那个一插就像被锁紧了一样，就不动了（图5-10）。

教师：嗯，这个提议可以尝试一下。

图5-9 领奖台的稳定性　　　　图5-10 新材料搭建
　　　　　　　　　　　　　　图5-11 试误
　　　　　　　　　　　　　　图5-12 试误台

　　教师支持有兴趣的幼儿去尝试有意义的实践，结果他们成功地用万能工匠拼搭出了一个领奖台，增加了他们的自信心，孩子们很骄傲，而且又激发了他们一定要把积木领奖台搭建成功的欲望！

　　6. 我一定可以搭好领奖台

　　（1）选材

　　广阔天地大有作为（数量、型号多的炭烧积木）。

　　小泽：老师，咱们可不可以用外面的大积木，那个大积木不滑，早晨妈妈带我来幼儿园的时候，我站在外面试了。小泽的话引起了孩子们的共鸣，于是数量充足、型号众多的炭烧积木就被选举成搭建领奖台的主角。

　　鑫鑫：这个领奖台太细了，脚都要漏下去了！（图5-11）

　　教师：那怎么办呢？

　　小皙：咱们可以加宽啊，把一块变成两块并排！（图5-12）

　　小泽：你们看，这回踩上去，就又歪了！

　　教师：哦，确实是，怎么又有问题呢？唉！

图 5-13 深度探究
图 5-14 固定 1：用胶带固定积木

小崔：老师，我觉得可以让我们试试钉钉子，我看我爷爷就用钉子一钉，我的小椅子就不晃悠了！

圆圆：用胶，用很多很多的胶也行。

教师：可以是可以，但是安全很重要！

（2）安全很重要

要"施工"，安全工作必须首要做好。

① 使用锤子不光要有大力气，还要仔细看好再锤钉子。

② 钉子、剪子都是尖锐的物品，危险性大，不能拿着这些东西当玩具玩。

③ 工具使用完之后，一定要送回它自己的家，不能随意放置。

（3）加固

木块尺寸要相同、选用正确的接触面、扩大接触面积（图5-13）。

集体安全教育活动结束后，全班小朋友全部投入到积木领奖台的搭建中，孩子们自由结组，挑选自己喜欢做的事情。看图5-13中选择积木的小朋友，认真比对每一块积木，争取最大程度的稳定。

（4）用胶加固

在积木选取结束后，孩子们开始尝试用胶带固定积木（图5-14）。

（5）用钉子加固

在教师协助下尝试，失败后寻求"外援"。

教师：老师帮大家找来了钉子和锤子，应聘锤子工人的小朋友，请过来！

（幼儿尝试后）

鑫鑫：老师，可能是我的力气还不够大，钉不进去啊！您能帮帮我吗？

（教师尝试后亦失败）

教师：孩子们，老师也失败了，这是怎么回事呢？钉子怎么钉不进去呢？这可怎么办？

豆豆：老师，要不咱们去找更厉害的人问问？

教师：那咱们应该找谁寻求帮助呢？

小弛：老师，那个给咱们钉网子的叔叔就很厉害，我总能看到那个叔叔拿着锤子走来走去。

图5-15 固定2：用钉子固定积木
图5-16 成品
图5-17 选票图

教师：这个主意好，谁能和老师一起帮小朋友们把厉害的李叔叔请过来？

小泽：我可以，我经常跟那个叔叔问早上好！

小泽：叔叔，这个钉子我们都钉不进去，老师也钉不进去，这怎么办呢？我们不想让我们的领奖台这样晃荡……

李叔叔：哦，换种钉子就可以了，小朋友你手里拿的这种钉子是钢钉，不能用来钉木头，是专门用来钉墙的，咱们换专门钉木头的就可以！

在李叔叔的帮助下我们终于固定好了自己的领奖台（图5-15）！

（6）装饰美化

胜利在望，分工合作，美工达人上场装饰（图5-16）！

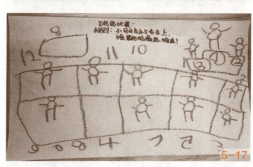

7. 期待已久的比赛

教师：孩子们，老师首先为你们祝贺！你们真是棒极了，领奖台建得太成功了！现在你们想不想站上自己的领奖台上试一试？

幼儿：想！

教师：那你们怎么试？排队吗？

小马：老师，我们应该像比赛的选手一样，先比赛，赢了才能站上领奖台！

教师：小马这个主意不错，你们觉得怎么样？

幼儿：非常好！

教师：那问题来了，咱们进行什么比赛呢？

牛哥：老师，就是我们之前画的那个比赛，我们自己画的那个！

教师：哦，对对对，老师都给忘记了，这个好！可是你们当时设计了那么多比赛，咱们也不可能都比啊！

牛哥：老师，我们大家一起选呗！哪个游戏举手的人多就比哪一个！

最后，小弛小朋友设计的跳高比赛当选！（图5-17）

教师：那比赛之前，我们应该先做什么呢？谁还记得？

图5-18 试跳游戏
图5-19 领奖台展示

幼儿：热身啊，热身运动！

教师：还有，老师突然想到的，跳高比赛的话怎么固定高度？

安安：小朋友拿着就可以了啊！

小皙：不行的，不一样高，还会来回乱晃！

小孙：垫块一样的积木就可以了啊，两边都用一样的积木，还能知道谁跳的有多高！（图5-18）

8. 心心念念的颁奖仪式

经过激烈的比赛，嘉嘉以跳过五块积木获得第一名；小鸣以跳过四块积木获得第二名；小弛和小皙以跳过三块小积木同时获得第三名！

随着热烈的音乐，在同伴的祝贺声中，带着幼儿们自己制作的奖牌和福娃宝贝，小选手骄傲地走上了领奖台（图5-19）！

■ 五、多主体对该活动的评价与反思

1. 个人评价反思

教师顺应幼儿发起的生成式主题活动"快乐的运动"自然进展的需要——"搭建领奖台"，引导幼儿对"搭建领奖台"发生兴趣，从而产生本次主题活动，满足了幼儿的需要，贴近了幼儿的生活，激发了幼儿的学习热情。

活动中，因为开展的时间充足，孩子们的兴趣也一直保持着极高的水平，又由于前期的经验积累，孩子们的本性释放或者说主观能动性明显强于以前，例如：在听说将要进行跳高比赛并且可以跟随音乐上领奖台时，孩子们从早餐前就开始不停地和我们确定、催促。我想孩子们心声的任意表达与我们营造给他们的宽松环境和不断放手呈现出了相互促进、相互支持的良性互动，促使幼儿的兴趣始终积聚在这个主题上，愿意继续深入、广泛探索。教师还鼓励幼儿用多种方式（绘画、言语等）表达自己的体验与感受，从不同角度展示学习成果，总结获得的经验。教师尽可能地挖掘幼儿的潜力，充分调动了幼儿学习的主动性和积极性。

"真正的母爱，是一场得体的退出"，我觉得这句话在一定程度上也适合我们，经过这近一年时间生成活动的开展，我想，我们达成的一个共识就是：孩子们天生就拥有成长的力量！我们要做的，就是如何"顺势引导"，如何"得体退出"！在这一学期中值得说的应该就是在追随幼儿兴趣的同时更均衡地衍生出五大领域的课程，并且更顺畅地捕捉到孩子们的兴趣点。孩子们动起来了！

2. 同伴评价

观点一：在生成式主题活动中，幼儿对某一活动产生浓厚的兴趣时，教师如何帮助幼儿进行深入的延伸。

作为教师，无论什么时候，我们都要尊重幼儿的兴趣，满足他们的好奇心和求知欲，对于孩子想要搭建属于自己的领奖台时，教师的支持很重要。

（1）教师采取哪种方式来帮助幼儿很关键，是直接给孩子，还是由幼儿自己去收集，教师要把握好，本活动的好处是整个活动孩子们自由参与和实践，他们通过和家长一起搜集各种领奖台图片并分享交流，从而设计出自己想要的领奖台。

（2）在开展活动时，教师给幼儿提供了充足的时间和自由的环境，每一次的深入讨论，教师都是作为经验的提升者，并提出更好的建议供幼儿参考，在一次次不断的总结和提升中，幼儿获得的是经验，是发展。

观点二：当幼儿第一次尝试失败后，教师怎样帮助幼儿面对？

任何一个探究活动都是在一次次尝试和一次次失败中获得成功的，孩子们对自己第一次搭建兴致非常高，但是有的幼儿发生了搭建失败，面对这种情况，教师的作用很关键。

（1）在面对有的幼儿搭建成功，有的幼儿失败，成功的孩子必然会高兴，失败的孩子将会失望、着急，甚至会影响自信心。在这种情况下，教师没有放弃，而是带领他们再一次欣赏，采取集中梳理引导的方式，告诉幼儿不要放弃。

（2）这样的不放弃正是对失败的幼儿又重新燃起了搭建的激情，重新获得自信，帮助幼儿找出失败的原因，总结失败的经验，重新出发，再次尝试，这样的探究过程是亲身体验的，获得的经验也是真实的。

观点三：在整个活动中，孩子们遇到种种困难，作为教师，我们如何帮助幼儿面对困难，解决问题？

当孩子们已经搜集大量资料，出了很多不同的设计方案时，对于自己想要搭建的大体轮廓已经有了很好的认知，但是往往理想和现实会有一定的差距，在实践中孩子们遇到了困难。

（1）孩子们兴高采烈地搭建"楼梯式"领奖台，可是站上去时，发现前面的孩子会挡住后面的孩子，这样是不可取的，可是怎么办呢，这时教师要帮助幼儿解决这样的问题，再一次欣赏各国的领奖台，和幼儿一起讨论怎样搭建既好看又实际，不会相互影响，最终"过山车式"领奖台出现了。

（2）虽然解决了互相影响的问题，但是又出现了站上去不稳定，不牢固的问题。教师提出"怎样让领奖台更牢固，更耐用"，孩子们提出垫东西、粘胶、绑带子等，然后去尝试，发现并不可取，太细了，不利于站立，教师"那怎么办"，幼儿又想到可以加宽，但是还是不牢固，一踩就会歪，教师"的确，又遇到新问题了，那怎么办呢"，幼儿想到用钉子钉在一起，也有幼儿提出用胶缠，这样更安全。钉子钉考虑安全问题，请求老师帮助，可是老师力气不够大，于是去寻找力气更大的人。

（3）教师在整个活动中，不断地引导，提出新问题，促使幼儿找到新方法，尝试新体验，帮助他们获得成功。

观点四：在活动中，教师如何有效支持孩子们对活动的主动性和积极性？

在活动中面对幼儿的兴趣高涨时，作为教师我们应该满足他们的意愿，对于幼儿参与的活动的主动性和积极性，我们要采取哪些支持方法？

（1）要为幼儿提供充分的时间和宽松的环境，只有在轻松的环境下，幼儿的参与性和积极性才能得到很好的体现，他们敢说、想说、愿意说，这样才能激发幼儿更多的创造力。

（2）教师始终保持与幼儿一致的兴趣点和探究的热情，但不能作为活动的掌权者，而是参与者、合作者、抛问题者、经验提升者和总结梳理者来支持幼儿不断尝试和深挖，帮助他们获得成功，树立自信心。

3. 综合评析

（1）对活动的评析。由表5-7可见："搭建领奖台"作为"快乐的运动"的主题活动中自然生成的一个分支活动，活动的目标基本实现。活动内容从"我想要个领奖台"引发而来。教师抓住教育契机，根据中班幼儿"好奇，爱探索，爱动手的年龄特点，为幼儿创设宽松、自由的氛围，让他们大胆探索，主动实践，并在过程中使得每个幼儿都积极参与到活动中来，从而提高他们的动手能力，培养他们的探索能力，增强他们对事物的好奇心和求知欲。活动中教师非常重视培养幼儿主动探索，团结协作的规则意识，并在搭建成功后征询幼儿意见开展跳高比赛，并非一言堂安排实施，足见教师的放手程度和宽松的氛围。教师适时机的引导和梳理，更为培养幼儿的良好的探索能力奠定了基础。

只是在教育手段、评价以及面向全体、关注个别儿童等方面有待改进。

（2）对反思过程的评析。教师的个人反思与小组合作反思对活动由来、活动过程进行了细致的剖析，特别在小组合作反思中，专业引领者提出了发展教师反思力的问题：如何帮助幼儿面对困难重重的领奖台积极搭建？如何关注每一位幼儿的不同程度的发展？等等，激发教师的思辨能力，使教师能从高位审视活动。可见小组合作反思中适宜的问题，决定着教研的深度和教研的质量。此次教研问题意识强、观点鲜明，促进了教师的专业化成长。

● **表5-7 "搭建领奖台"社会教育集体活动组织实施状况评价表**

班级：		组织者姓名：		评价者姓名：				
活动名称	搭建领奖台							
评价项目	评价内容	评价等级				项目得分		
		A	B	C	D			
活动目标 （10分）	1. 情感与态度、能力、知识与技能等目标确定恰当	√						
	2. 体现教育内容与幼儿的适宜性，目标达成情况好	√						
活动内容 （10分）	1. 内容科学、严谨，适合本班幼儿实际，重点突出，难点突破得当	√						
	2. 注重幼儿的年龄特点和兴趣需要，有利于师幼互动、幼幼互动，体现创新意识	√						
活动方法及手段 （20分）	1. 教法灵活，能调动幼儿的学习积极性和主动性	√						
	2. 关注幼儿学习兴趣和各种能力的培养	√						
	3. 能恰当运用教具、学具或多媒体手段进行辅助教学，活动组织效果好		√					
	4. 善于创设恰当的情境 有利于幼儿情感、态度、能力的培养	√						
活动过程 （35分）	1. 活动环节安排合理，知识衔接自然	√						
	2. 注重知识的发生发展过程，体现学法指导	√						
	3. 师幼互动、幼幼互动积极、融洽	√						
	4. 活动信息反馈及时，应变能力强	√						
	5. 在突破重点、难点的方式上有所创新	√						

评价项目	评价内容	评价等级				项目得分
		A	B	C	D	
活动过程 (35分)	6. 评价具有激励作用，重视过程性、发展性和差异性		√			
	7. 能体现面向全体，因材施教		√			
教师素质 (10分)	1. 教态自然，仪表端庄大方，语言表述清楚，富有激情和感染力	√				
	2. 教师的基本功娴熟，能准确把握时间		√			
活动效果 (15分)	1. 活动气氛活跃，幼儿积极主动地参与学习的全过程，并在学法上有所收获	√				
	2. 大多数幼儿能在活动中愉快地构建知识，并能简单地应用	√				
	3. 教学目标达成	√				
评价人	****小组			总　　分		

●● 案例三　"领奖台"中幼儿学习的评价表

有关社会教育活动中对幼儿学习状态的评价我们可以从幼儿的情绪状态、参与状态、注意状态、交往状态、思维状态以及生成状态六个方面来评价，具体见表5-8。

● 表5-8　幼儿在教育活动中的学习状态评价表

项目	表现	评价	
		是	否
情绪状态	具有浓厚的兴趣		
	能长时间保持兴趣	√	
	自我调节和控制学习情绪		√
	学习过程愉悦	√	
	学习愿望不断得以增强	√	

项目	表现	评价	
参与状态	幼儿全员参与学习活动	√	
	积极主动地投入思考，踊跃发言，兴致勃勃地参与讨论和发言	√	
	自觉地进行练习	√	
注意状态	幼儿始终关注讨论的主要问题，并能保持较长时间的注意力	√	
	幼儿的目光始终追随发言者（教师或幼儿）的一举一动	√	
	幼儿的倾听全神贯注，回答具有针对性	√	
交往状态	整个课堂气氛民主、和谐、活跃	√	
	幼儿在学习过程中友好分工与合作	√	
	能虚心听取他人的意见，尊重他人的发言	√	
	遇到困难时幼儿主动与他人交流、合作，共同解决问题	√	
思维状态	幼儿围绕讨论的问题积极思考、踊跃发言	√	
	幼儿回答问题的语言流畅、有条理	√	
	善用自己的语言阐述自己的观点	√	
	幼儿敢于质疑，提出有价值的问题并展开争论		√
	幼儿的回答或见解有自己的思考或创意	√	
生成状态	幼儿全面达成了学习目标	√	
	幼儿学习能力、实践能力和创新能力得到增强	√	
	有满足、成功和喜悦等积极的心理体验	√	
	对未来学习充满了信心	√	

　　从表中我们可以看到幼儿的情绪状态、参与状态、注意状态、交往状态、思维状态以及生成状态六个指标都比较良好，只是在"自我调节和控制情绪"和"幼儿敢于质疑、提出有价值的问题并展开争论"两个方面不是很积极，这有可能和幼儿的心理发展中的自我调控能力有限有关，同时也和教师的在幼儿心目中的权威性以及与幼儿的问题意识有关。

幼儿社会教育活动指导
YOU'ER SHEHUI
JIAOYU HUODONG ZHIDAO

主编 李焕稳

1

内容提要

本书是学前教育专业学生必修专业课之一。通过学习本课程，使学前教育专业的学生能够设计、组织、指导、评价幼儿社会教育活动；为幼儿创设主动学习的社会环境；利用各种教育资源，开展幼儿社会教育活动，运用理论知识有效地对幼儿进行有目的、有计划的教育，以促进幼儿的全面发展。

全书共五个模块，每一模块以"基本理论知识—实训任务—实训案例"架构中职学生社会教育技能掌握的路径。

建议在使用时按照 5:5 的比例确定实训课时，根据实际情况选择必须的任务进行练习。

图书在版编目 (CIP) 数据

学前教育专业五大领域实训教程 . 第一分册，幼儿社

会教育活动指导 / 苏睿先总主编；李焕稳主编 . -- 北

京：高等教育出版社，2020.10

ISBN 978-7-04-053993-6

Ⅰ . ①学… Ⅱ . ①苏… ②李… Ⅲ . ①学前教育－社

会教育－中等专业学校－教材 Ⅳ . ① G61

中国版本图书馆 CIP 数据核字 (2020) 第 061275 号

策划编辑	杨 利 平	责任校对	胡 美 萍
责任编辑	杨 利 平	图表绘制	于 博
书籍设计	张 申 申	责任印制	耿 轩
封面插图	赵 阳		

本书如有缺页、倒页、脱页等质量问题，请到所购图书销售部门联系调换

版权所有　侵权必究

物 料 号　53993－00

出版发行	高等教育出版社
社　　址	北京市西城区德外大街 4 号
邮政编码	100120
印　　刷	北京信彩瑞禾印刷厂
开　　本	889mm×1194mm　1/16
印　　张	8.75
字　　数	160 千字
购书热线	400-810-0598
咨询电话	010-5858118
网　　址	http://www.hep.edu.cn
	http://www.hep.com.cn
网上订购	http://www.hepmall.com.cn
	http://www.hepmall.com
	http://www.hepmall.cn
版　　次	2020 年 10 月第 1 版
印　　次	2020 年 10 月第 1 次印刷
定　　价	29.00元